전략기획방법론 入門

| 김학량 지음 |

들어가는 말

필자가 미국의 한 대학에서 공부하고 있을 때, 중국계 학생들의 상당히 온당치 못한 전략의 단면을 보았다. 그 학교에서는 매년 아시아 국가에서 온 유학생들이 참여하는 국가 간 농구대회가 개최되었다.

중국 유학생들은 숫자가 많았다. 그래서 그런지 한국과 필리핀에서는 한 팀만 나왔지만, 중국에서는 A와 B로 두 팀이 출전했다. 홍콩, 말레이시아 등에서도 한 팀씩 나왔는데 동남아시아 여러 국가에서 온 유학생들의 대부분이 중국계였다. 그래서 그런지 그들은 중국 팀에 적대감이 없었다.

중국계 유학생들의 꼼수는 중국A팀을 구성하면서 드러났다. 필자는 연습할 때부터 각국 팀 선수들을 보아왔기에 본 게임에 출전한 중국A팀의 선수 구성을 보고 아연실색하지 않을 수 없었다. 중국A팀은 중국, 홍콩, 말레이시아에서 온 중국계 유학생들을 통틀어 가장 농구를 잘하는 10명으로 구성되어 있었던 것이다. 엄격히 말하면 이들은 중국A팀이 아니라 중화권A팀이었다. 중국B팀은 중화권을 통틀어서 그 다음 잘하는 10명으로 구성되었다.

이들의 의도는 분명했다. 운동 잘하고 두뇌가 좋은 한국 팀과 농구가 국기여서 농구를 잘하는 필리핀 팀을 3위 이하로 밀어내기 위한 것이었다. 한국과 필리핀 학생들은 이들의 행위에 분개했지만 항의할 수 없었다. 친선농구대회에서 선수들의 여권까지 확인하자고 할 수 없었기 때문이었다.

중국계 유학생들의 이런 모습을 보면서 필자가 느낀 것은 이처럼 중요하지 않은 승부에서 조차 온당치 못한 전략을 쓰는 중국인데 국가 간의 이익을 다투는 경쟁에서는 과연 어떤 전략을 구사할 까하는 생각에 마음이 착잡했다.

그러나 이것이 세상의 모습이니 어찌하랴. 전략구사에 관한한 그것을 규제하는 어떤 법도 없다. 법이 없는 상황에서는 정의보다는 불법과 편법이 통한다는 사실을 명심할 수밖에 없다.

필자는 "작은 성공은 노력하면 되고, 중간 정도의 성공은 전략기획이 있어야 되며, 큰 성공은 하늘이 도와야 된다."고 생각한다. 아무쪼록 이 책이 독자들로 하여금 정당한 전략을 자유자재로 구사하게 하고, 적의 온당치 못한 전략을 완벽하게 물리치는데 도움이 되기 바라면서 이 책을 시작한다.

국민대 연구실에서

목차

1장

| 서론: 전략기획형 인간을 지향하며 |

1장 | 서론: 전략기획형 인간을 지향하며

이순신 장군이나 제갈공명과 같이 전략적 지식과 기획능력을 동시에 갖춘 인물을 소위 '전략기획형 인간'이라고 한다. 전략기획형 인간의 극치는 아마도 전략기획형 리더일 것이다.

전략기획형 리더는 세계 역사에서도 흔치않다. 이순신 장군은 리더이자 유능한 책사였다. 그와 비교될 수 있는 전략기획형 리더는 징기스칸, 나폴레옹, 알렉산더와 삼국지에 나오는 조조정도일 것이다. 이들은 국가와 국민을 위기에서 구출하기도 하고, 한 나라의 역사를 바꾸기도 한다. 이순신 장군이 왜군의 침략으로부터 조선을 구했듯이 말이다.

전략기획형 인간은 다음과 같은 세 가지 특징을 가지고 있다. 첫째는 전략에 대한 지식이 풍부하다. 실제로 이순신 장군, 제갈공명, 조조와 같은 전략기획형 리더들은 손자병법과 같은 병법서를 통독한 것으로 알려져 있다.

두 번째 그것이 사소한 일이냐 인생을 바꾸는 중차대한 일이냐에 관계없이 거의 모든 일에 대담하고 치밀한 전략기획을 가지고 임한다.

즉 전략기획형 인간은 일을 시작하기 전에 일의 전 과정을 미리 해본다. 그리고 이것에 기초하여 전략기획을 짜고, 그것을 한 치의 오차 없이 실행에 옮긴다. 시뮬레이션을 미리 해 보는 것과 해 보지 않는 것은 커다란 차이가 있기 때문이다. 세무조사를 받는 기업들은 세무사들을 고용하여 미리 예비세무조사를 받아본다. 또한 승리하는 후보들은 선거컨설턴트들을 고용하여 다가올 선거의 시뮬레이션을 해 본다.

시뮬레이션 정도는 아니더라도 성공하는 사람들은 대체적으로 전략기획이 일상화 되어 있다. 15·4이 법칙이라는 것이 있나. 이것은 하루를 시작하기 전에 15분 동안 무엇을 할지를 생각하는 사람은 하루에 4시간을 절약할 수 있다는 의미이다. 즉 일의 순서를 정하고, 체계적으로 진행하는 사람은 그렇지 않은 사람보다 훨씬 효율적이면서 성공적으로 일을 성취한다는 뜻인데, 이것이 바로 전략기획형 인간의 모습이다.

세 번째 오픈마인드를 가지고 있다는 것이다. 즉 전략기획형 인간은 다른 사람의 의견이나 아이디어를 비판하거나 무시하지 않고 경청한다. 그리고 자신의 아이디어보다 우수하거나, 합리적이라고 생각되면 언제든지 받아들인다. 전략기획형 인간은 스스로가 탁월한 전략가일 필요가 없다는 의미이다.

이와 관련하여 전략기획형 인간에게는 독특한 면이 있다. 그것은 바로 주변에 소위 아이디어맨들이나 책사들이 많다는 것이다. 이런 현상이 나타나는 이유는 주위 사람들의 의견을 잘 받아들이기 때문이다.

비전략기획형 인간 주위에는 소위 '아부꾼'이나 '예스맨'들만이 들끓는다. '예스맨'의 병폐는 제2차 세계대전 말기에 있었던 연합군의 노르망디 상륙작전 때 드러났다. 연합군이 상륙작전을 감행하자 그 지역 독일군 사령관이 본부에 기갑부대 출동허가를 요청했다. 그 때 마침 히틀러가 낮잠을 자고 있었는데, 그를 보좌하는 원수가 "히틀러는 잠을 잘 때 깨우면 싫어하니, 일어날 때까지 기다려라."라고 말했다. 그가 잠에서 깨어났을 때에는 이미 방어선이 돌파된 뒤였다.

초한지에 나오는 유방이 바로 대표적 전략기획형 인간이고, 항우는 그 반대였다. 유방은 장량, 한신, 소하와 같은 각 분야의 전문가들을 포용하여 천하통일의 대업을 이루었다. 반면, 항우는 범증과 같은 유능한 책사를 파면하는 우를 범하면서 몰락의 길에 들어섰다.

2장

| 전략 |

- 전략이란?
- 전략의 특징
- 전략의 유형
- 전략의 소통
- 전략의 효과
- 현실에서 빈번히 나타나는 전략의 유형
- 일상생활에서 흔히 나타나는 전략의 유형

2장 | 전략

전략이란?

전략은 그리스어 *Strategia*에 그 어원을 두고 있고, 전쟁에서 적을 속이는 술책이라는 의미를 가지고 있다.[1] 그러나 현대에 전략의 뜻은 훨씬 더 포괄적이 되었다. 그것은 단지 상대를 속이는 술책을 넘어 '승리를 위한 계책(*How to win*)'을 의미한다.

올바른 전략을 구상해 내고, 실행에 옮기는 것은 결코 쉬운 일이 아니다. 그 이유는 상대가 분명치 않는 경우도 있고, 상대가 명확하더라도 상대의 마음이나 전략을 예측하기 어렵기 때문이다.

사람들은 야구, 축구, 농구를 보면서 전략을 논하는데, 이런 스포츠의 전략은 상당히 예외적이라고 할 수 있다. 그 이유는 우리 편 뿐만 아니라 상대편 선수들이 훤히 드러나 있고, 각 팀의 감독들이 어떤 전략을 구사할지도 어느 정도 예측 가능하기 때문이다.

그러나 비즈니스나 정치현장에서 상대의 전략은 스포츠와 달리 그렇게 명확치 않다. 그래서 이런 분야에서 전략을 짜는 것을 '신

(神)과의 머리싸움'이라고까지 말한다.

전략은 몇 가지 점에서 유익함을 준다. 첫째, 전략은 승리를 보장하지 못하지만 승리할 확률을 높인다. 전략이 승리할 확률을 높이기 때문에 우리는 이순신 장군이나 제갈공명 같은 전략의 대가들로부터 전략에 대한 지식을 배우려고 노력한다.

둘째, 전략은 '제곱의 효과'를 가지고 있다. 두 번째 승리의 대가는 첫 번째 승리 대가의 2배이고, 세 번째 승리의 대가는 첫 번째 승리 대가의 4배로 치솟는다. 전략이 바로 승리의 주요 이유이기 때문에 결과적으로 전략이 '제곱의 효과'를 가져오는 것과 마찬가지이다

임진왜란 때 의병대장 곽재우 부대의 초기 인원은 고작 몇 십 명에 불과했다. 그렇지만 그가 승승장구하자 그의 부대는 기하급수적으로 늘어 2,000명을 넘어섰다.

정규군대가 아닌 의병이 2,000명이 넘는 병력을 보유하기란 참으로 쉽지 않다. 지속적인 보급과 체계적인 훈련 등 다양한 문제들이 병력의 유지를 어렵게 하기 때문이다. 그렇지만 우수한 전략에 기초한 지속적인 승리는 곽재우 부대의 규모를 급팽창시켰다.

셋째, 전략은 우리를 '미래지향적 인간'으로 만든다. 전략이란 그것이 먼 미래이던 가까운 미래이던 간에 미래에 벌어질 일에 대비하기 위한 것이다. 따라서 전략은 우리로 하여금 미래를 예측하게끔 하는데, 이것은 눈앞에 있는 현실을 직시하는데 익숙해져 있는 대부분의 사람들을 압도하게 만든다.

이순신 장군은 왜군의 침략이 시작되기 전에 왜군 침략에 대비해 거북선을 만들기 시작했다. 그의 이런 미래 지향적 자세가 조

선을 패망에서 구했다.

삼성의 미래 지향적 전략은 어느 기업도 반도체에 큰 관심이 없을 때, 반도체 분야에 적극적으로 뛰어들게 만들었다. 이것이 현재 삼성을 소니, 파나소닉 등 일본의 모든 유명 전자업체를 모두 합한 규모보다 큰 기업으로 성장하게 만들었다.

넷째, 전략은 그것을 소유한 사람의 격을 단숨에 높여준다. 유비가 제갈공명에게 삼고초려를 했을 때 나이가 50세 정도였다. 한편 제갈공명의 나이는 약관 27세였다. 연장자에 대한 예의를 중시하는 중국에서 아버지뻘인 유비가 아들뻘 새파란 젊은이인 제갈량을 세 번이나 찾아가 도와달라고 읍소하게 만든 것이 바로 전략이다.

■ 전략의 특징[2)]

정치컨설턴트들은 "선거승패의 70%는 선거 3개월 전에 이미 결정된다."라고 말한다. 마케팅 컨설턴트들은 "비즈니스가 성공할 확률은 20%내외이고, 성패는 대부분 비즈니스 시작단계에서 결정된다."라고 말한다. 이렇게 실패가 시작단계에서 결정되는 이유는 초기전략에 심각한 오류가 있기 때문이다.

현실에 부합하는 성공적인 초기전략을 세우기 위해서는 사전에 전략의 특징을 정확히 간파하고 있어야 한다. 전략의 특징을 감안하지 않고 수립된 전략은 '허공에 지어진 집'과 다를 바 없다.

1. 상대가 예측하지 못한 전략을 사용한 쪽이 대체로 승리한다

"한 번 속지, 두 번 속지 않는다."는 말이 있다. 이 말은 한번은 쉽게 속일 수 있다는 의미인데, 전략도 마찬가지다. 상대는 전략을 사용하지 않고, 나만 전략을 구사하는 경우에는 웬만하면 성공한다.

임진왜란 때 혁혁한 공을 세웠던 곽재우 장군은 정규 군대가 아닌 의병의 대장이었지만 전략에 매우 능통한 장수였다. 왜군이 창녕의 화왕산성을 공격해 왔을 때 그는 벌이 가득 든 식량궤짝을 왜군이 지나치는 길목에 놓아두었다.

배가 고팠던 왜군은 궤짝 안에 식량이 든 줄 알고, 궤짝을 열었다. 그러자 궤짝에서 벌이 쏟아져 나왔고, 곽재우는 혼비백산해서 도망치는 왜군을 공격하여 손쉽게 승리를 거두었다.

그러나 한번 당한 상대는 그 전략에 대비하기 때문에, 똑같은 전략을 재차 구사하면 성공하기 어렵다. 따라서 적이 예상치 못한 색다른 전략을 구사하여 적으로 하여금 적절히 대응하지 못하게 해야 한다.

다음 날 왜군이 다시 공격해 올 것이라는 것을 확신한 곽재우는 이번에는 궤짝 안에 폭약을 가득 넣어 두었다. 왜군은 궤짝 안에 벌이 들어 있을 것이라고 생각하고, 궤짝에 총을 난사했다. 예상과 달리 궤짝이 폭발하자, 왜군은 또 한 번 혼비백산했고, 이를 틈타 조선군은 왜군을 총공격하여 대승을 거두었다.

곽재우 장군은 처음에는 왜군이 전혀 예측하지 못한 전략을 구사해서 승리했고, 두 번째에는 왜군의 예측을 넘어서는 전략을 구사해서 승리했던 것이다.

선거에서도 전략마인드를 갖춘 현직 국회의원들은 도전자가 전혀 예측하지 못한 전략을 구사하여 득을 보곤 한다. 이것은 순전히 이전 선거에서의 경험을 통해 얻은 것이다.

대체로 도전자의 지지도는 출마를 선언한 순간 급상승한다. 이 현상은 자신의 지지자가 생겼다기보다는, 현직 국회의원에 반감을 갖고 있던 유권자들이 분풀이로 도전자를 지지하기 때문에 나타난다.

도전자의 지지자가 또 한 번 뛰어오르는 시점이 있다. 이 시점은 도전자의 열성지지자들이 100명을 넘어서고, 이들이 도전자를 위해 구전(口傳)을 어느 정도 한 후이다. 선거구가 도시이냐 농촌이냐에 따라 다소 차이가 있지만 이 현상은 대체로 도전자가 활동을 시작한지 한 달 반 정도 경과한 시점에 나타난다.

명민한 국회의원들은 이런 시점들을 너무나 잘 알고 있다. 그래서 도전자가 본격적으로 선거운동을 시작하는 예비후보 등록(선거일 120일전) 보름 전쯤부터 평소에 자신을 견제해왔던 유권자들을 집중적으로 만난다. 이것은 이들이 도전자를 지지하는 것을 저지하기 위한 것이다.

현직 국회의원들은 도전자의 열성지지자 숫자가 100명을 넘어서고, 이들이 본격적으로 구전을 시작 할 무렵에 또 한 번 총력을 기울여 선거운동을 한다. 이번에는 도전자가 열성지지자들의 구전의 도움을 받으면서 부동층을 흡수하는 것을 저지하기 위한 것이다.

2. 강자의 전략은 약자의 전략보다 단순하다

이순신 장군은 급류이고, 조류가 갑자기 변하는 울돌목에서 13척의 배로 왜군의 배 133척을 격파했다. 이것이 바로 그 유명한 '명량대첩'이다.

이순신 장군은 이 전투에서 승리하기 위하여 적어도 네 가지 전략을 사용해야 했다. 우선 왜군을 울돌목으로 유인하기 위해 선단을 이끌고 이곳저곳으로 피해 다녔다.

그 다음으로는 울돌목이라는 특이한 지형을 이용했다. 이순신 장군은 이를 위해서 사전에 울돌목의 지형과 지세에 대해 철저히 연구했다.

또한 쇠사슬을 엮어놓은 철쇄를 좁은 해협의 양편에 걸쳐 놓았다. 그리고 왜군의 배가 접근했을 때, 철쇄를 일시에 들어 올려 왜군의 배를 침몰시켰다.

마지막으로 아군의 수적인 열세를 적군에게 드러내지 않기 위해 주민들로 하여금 바닷가에서 강강술래를 추게 하였다.

반면 강자였던 왜군의 전략은 단순했다. 압도적인 숫자의 배를 동원하여 배가 13척 밖에 안 되는 조선수군을 일시에 공격하는 것이었다. 비록 왜군은 패배했지만, 만약 이순신 장군이 네 가지 이상의 정교한 전략을 구사하지 않았다면 왜군이 승리했을 지도 모른다.

이와 같이 강자는 이미 승리할 가능성이 높은 위치에 있기 때문에 전략자체가 간단하다. 즉 이미 상대우위에 있는 힘만 적절히 구사하면 되는 것이다.

반면에 약자는 자신의 부족한 힘을 상쇄하기 위한 다양한 전략을 구사해야 한다. 따라서 전략이 강자보다 더 많고, 복잡하며, 정교해야만 한다. 전략의 숫자가 많고, 복잡하다는 것은 그만큼 성공할 가능성이 줄어든다는 것을 의미한다. 그래서 약자 쪽의 전략가는 구사되는 전략의 숫자를 최소화시키려고 필사적인 노력을 기울인다.

3. 강자일수록 전략의 리드타임이 짧다

서울의 한 구청장 선거에서 신인 후보가 먼저 '노인복지시설 개선'을 공약으로 내세웠다. 노인들은 자신들이 기거하는 시설에 관심을 보이는 이 신인 후보에게 호감을 보이기 시작했다.

뒤이어 현직 구청장이 비슷한 공약을 내걸었다. 그러자 노인들은 언제 그랬냐는 듯이 신인 후보의 공약에 대한 관심을 접고, 구청장의 공약에 호감을 보이기 시작했다.

이 현상이 나타난 이유는 노인복지시설을 관리하는 구청 공무원들에게 있었다. 우리나라 법은 공무원의 정치적 중립을 요구하고 있으며, 공무원이 정치에 관여하면 엄중히 처벌한다. 하지만 공무원들은 자신이 담당하고 있는 정책에 대해서는 노인들에게 이야기 할 수 있다. 구청 공무원들이 노인들에게 현직 구청장의 공약이 더 좋다고 말하자, 노인들은 쉽게 마음을 바꾸었던 것이다.

신인 후보는 처음부터 이런 현상이 나타날 것이라는 것을 예상했어야 했다. 즉 신인 후보의 공약이 전파되려면 적지 않은 시간이 소요된다. 반면 구청장은 구청과 주민센터 직원들을 통해 자신의 공약을 신속하게 알릴 수 있다. 특히 노인시설을 관리하는 공무원들은 노인들에게 거의 절대적인 존재이기에, 이들을 통하면 너무나도 쉽게 자신의 공약을 전파할 수 있다.

위의 예에서 볼 수 있듯이 현역 구청장과 같은 강자(强者)는 전략의 '리드타임(*Lead Time*)', 즉 전략이 실행에 옮겨져 그 결과가 나타날 때까지의 기간이 짧다. 반면 신인 후보와 같은 약자(弱子)는 리드타임이 매우 길다.

그러나 리드타임을 정확히 예측한다는 것은 매우 어려운 일이다. 특히 정치에서는 더욱 더 그렇다. 상대와 국민의 의중을 정확히 파악하기가 매우 어렵기 때문이다.

실제로 나폴레옹과 히틀러와 같은 역사상 저명한 인물들도 리드타임 예측에 실패하여 뼈아픈 패배를 당했고, 이 때문에 몰락의 길로 들어섰다.

나폴레옹과 히틀러는 한창 날씨가 좋은 초여름인 6월 22일 같은 날에 러시아 침공을 시작했다. 두 사람 모두 러시아의 매서운 겨울이 닥치기 전에 승리할 수 있으리라고 믿었다. 즉 그들은 승리까지의 리드타임을 3~4개월 정도로 보았던 것이다.

그러나 나폴레옹과 히틀러가 예상했던 것보다 러시아 완전 정복의 리드타임은 더 길었다. 그들은 추운 겨울이 닥칠 때까지 승부를 보지 못했다. 이들의 군대는 영하 40도를 오르내리는 러시아의 길고 매서운 겨울을 견뎌내지 못하고 결국 패퇴하였다.

만약 나폴레옹과 히틀러가 리드타임을 더 길게 잡고, 3~4월에 러시아 침공을 시작했더라면, 그들은 승리했을 지도 모른다. 이렇게 리드타임을 정확히 예측하는 것은 어렵지만 매우 중요하다. 또한 리드타임을 정확히 예측해야만 전략을 성공적으로 마무리 지을 수 있다.

4. 반복 횟수가 많을수록 성공할 확률이 높다

미국의 선거전략 회사들은 "우리는 *Seven Times Strategy*를 잘 합니다."라고 선전한다. *Seven Times Strategy*란 후보를 선전하는 동일한 광고를 20번 이상 동일한 시간대에 동일한 TV방송에 내보내, 유권자들이 7번 이상 반복해서 시청하게 하는 것이다.

미국의 선거전략 회사들이 이 방법을 사용하는 이유는 유권자가 미디어나 대면(大面)을 통해 일곱 번 정도 후보를 접하면 그 후보를 지지하게 되기 때문이다. 우리 속담에 "열 번 찍어서 안 넘어가는 나무 없다."라는 말이 있는데, 이 속담과 일맥상통하는 방법이다.

기업들은 자사 제품의 TV광고를 수없이 반복해서 내보낸다. 실제로 세 시간만 같은 TV채널을 시청하고 있으면, 동일한 상품광고가 10번 이상 반복되는 것을 쉽게 볼 수 있다. 특히 경쟁이 치열한 휴대폰이나 보험 광고는 반복 횟수가 다른 상품보다 더 많다.

영리를 추구하는 회사들이 이렇게 죽기 살기 식으로 고비용의 광고를 반복하는 이유는 무엇일까? 이유는 반복을 해야만 마케팅 전쟁에서 승리할 수 있기 때문이다. 기업들은 반복의 효과를 정확히 알고 있는 것이다.

반 민주주의 독재체제인 파시즘(*Fascism*)의 선전 방법도 반복이었다. 히틀러의 오른팔이자, 선동 장관이었던 괴벨스는 "선동의 제1의 가치는 거짓말이며, 거짓말도 백번 반복하면 진실이 된다."라고 말했을 정도이다. 그는 선동을 효과적으로 하기 위해 증오의 대상을 만들어야 했다. 그래서 유태인을 증오의 대상으로 만들어 선동의 효과를 극대화시켰다.

상대방 공략은 지속적으로 반복되어야 한다. 성공할 때까지 말이다. 반복 횟수가 늘어나면 늘어날수록 상대는 더 이상 버틸 수 없는 곤경의 나락으로 떨어지기 때문이다.

5. 어떤 승부에서나 주요 경쟁자는 고작 2명이다

2007년 대선 한나라당 경선에서 7명의 후보가 경합을 벌였다. 그러나 막판으로 갈수록 표는 1위와 2위를 다투던 이명박 후보와 박근혜 후보에게 쏠렸고, 결국 이명박 후보가 승리를 거두었다. 이와 같이 3위 이하의 후보가 승리하는 경우는 극히 드물다.

서양 마케팅 이론에 '빅 3의 법칙(*The Rule of Three*)'이라는 것이 있다. 이 법칙에 의하면 시작단계에는 여러 개의 기업이 경쟁을 하지만 1라운드를 지나면서 세 개의 기업과 '틈새 기업'만이 살아남는다. 2라운드를 지나면서 3위 기업은 점점 약해져 1위나 2위 기업에 흡수된다. 시장은 결국 1위와 2위 사이의 전쟁터로 변한다. 구본무 LG그룹 회장은 "1등 기업이 아니면 성장이나 수익을 기대하기 어려운 것이 냉엄한 현실이다."라고 말하며 2등조차 살아남기 힘들다는 점을 분명히 했다..

하여튼 마지막까지 살아남으려면 초기에 적어도 2위 이내로 진입해야 하고, 초기 단계에서 이를 위한 전략을 수립하고 실행에 옮겨야 한다. 일단 3위 이하로 쳐지면 극복하기 매우 어려워진다.

6. 약자일수록 탁월한 전략 마인드를 가지고 있다

장애인 국회의원이 이런 말을 했다. "장애는 다소간의 불편을 의미하지, 불가능을 의미하지는 않습니다. 저는 불편을 해소하려고 남보다 훨씬 더 노력했고, 이로 인해 국회의원이 될 수 있었습니다." 그의 노력의 핵심에는 전략과 전술에 대한 끊임없는 탐구가 있었다.

이 장애인 국회의원은 불편을 줄이고, 효율적으로 일을 처리하기 위하여 전략과 전술에 대해서 늘 생각했고, 결국에는 타인보다 훨씬 앞선 전략마인드를 갖게 되었다.

군사독재에 대항하여 민주화 운동을 했던 우리나라의 소위 '운동권 출신'들은 거의 예외 없이 출중한 전략적 식견의 소유자들이다. 군사독재는 경찰과 군대라는 물리적인 힘을 동원하여 민주화 운동을 탄압했다. 이런 상황에서 '운동권'은 오로지 전략과 전술에 의존해야만 했다. 그들은 쫓기는 중에도 모여서 자신들의 운동을 성공리에 완수하기 위한 전략과 전술에 대해 끊임없이 공부했고, 이 과정에서 자연스럽게 전략과 전술에 대한 탁월한 식견을 지니게 되었던 것이다.

그래서 그런지 유명 정치인 중에 운동권 출신들이 유난히 많다. 김영삼 전대통령, 김대중 전대통령, 노무현 전대통령은 모두 반독재 투쟁경력을 가지고 있다. 도지사나 국회의원들 중에도 운동권 출신이 많다. 손학규 전의원, 김문수 경기도지사, 이재오 의원 등이 바로 그들이다. 이들은 모두 전략과 전술에 상당히 능통하다.

지방의원들 중에 학력이 낮은 의원들이 있다. 이들은 대체로 중학교를 졸업한 뒤에 생활고로 인해 학업을 계속하지 못하고 직업전선에 뛰어든 사람들이다. 이들은 예외 없이 탁월한 전략가들인데, 오랜 사회 경험에서 얻은 실전적 사고가 이들을 이렇게 만든 것이다. 정치인은 아니지만 현대그룹을 창업한 정주용 회장도 이런 부류에 속한다고 할 수 있다.

그러므로 상대가 학력이 낮다고, 엘리트 코스를 거치지 않았다고, 혹은 장애인이라고 과소평가했다가는 큰 코 다친다. 그들은 자신의 입장 때문에 전략적 식견을 드러내지 않을 뿐이지, 실제로는 상당히 우수한 전략가인 경우가 많기 때문이다.

임진왜란 때에도 도요토미 히데요시의 볼품없는 외모가 선조로 하여금 왜의 침략의도를 오판하게 하는데 적지 않은 기여를 했다. 당시 왜를 장악하고 있던 도요토미 히데요시는 일자무식인데다, 키가 작고 천하게 생겨 볼품이 없었다. 그러자 통신사절의 부사로 일본을 방문했던 김성일은 도요토미 히데요시의 볼품없는 외모를 언급하면서 일본의 침략이 가당치 않다고 선조에게 고했다. 김성일은 볼품없는 사람들이 자신의 신체적 약점을 극복하기 위해 외모가 출중한 사람들보다 전략적 지식을 더 많이 쌓고, 실전에서 더 많은 전략을 구사하며, 꿈도 크다는 점을 간과했던 것이다.

7. 전략은 실전경험을 요구하지 않는다

믿기 어려운 일이지만 실전경험이 많지 않은 사람도 성공적인 전략을 만들 수 있다. 그래서 "책이 전략가를 만든다."는 말이 있을 정도다.

제갈공명은 유비의 부름을 받기 전 시골에서 한가로이 병법을 연구하면서 농사를 짓던 사람이었다. 그런 사람이 유비의 부름을 받고 전쟁터에 나오자마자 중국역사에 남을 만한 승전을 계속했다.

이순신 장군 또한 해전 경험이 그리 많지 않았다. 그가 수군장수인 전라좌수사에 부임한 지 1년 뒤에 임진왜란이 발발했다. 수군 경력은 고작 1년 남짓이었던 것이다. 그럼에도 불구하고 해전경험이 풍부했던 왜의 수군은 이순신 장군에게 기 한번 써보지 못하고 23전 23패를 당했다. 이것이 바로 전략의 힘이다.

근대에도 전략의 힘을 보여주는 사례를 우리 주변에서 어렵지 않게 찾을 수 있다. '맥킨지'라는 세계적으로 유명한 경영컨설팅 회사가 있다. 이 회사는 전 세계에 70여개 지사와 4천명 이상의 전문 인력을 보유하고 있는 회사이다. 이 회사는 세계 100대 기업 대부분의 자문을 맡고 있는 회사이며, 한 때 우리 정부에 자문을 해 주겠다고 제안을 했을 정도로 우리나라에도 잘 알려진 회사이다.

그런데 이 회사 컨설턴트 대부분은 고작 수년의 컨설팅 경력만을 가지고 있으며, 컨설팅을 의뢰한 회사의 분야에 대한 전문지식과 경험이 그리 많지 않다. 즉 그들은 경영전략에 대한 일반적인 지식만을 가지고 있는 것이다. 그럼에도 의뢰회사들은 그들에게 큰돈을 주면서 컨설팅을 의뢰하고 있고, 그들은 그 돈의 몇 배 이상의 가치를 의뢰회사들에게 되돌려주고 있다. 이것이 바로 전략이다.

■ 전략의 유형

전략의 유형은 크게 두 가지로 나눌 수 있다. 첫째는 자신의 강점을 최대한 활용하는 것이다. 두 번째는 상대방의 강점을 무력화시키거나, 약점을 극대화시키는 것이다. 자신의 강점을 최대한으로 활용하면서, 상대방의 강점을 무력화시키거나, 약점을 극대화하는 것이 최상이다. 그러나 이것은 앞의 두 가지를 동시에 이행할 능력이 있을 때에만 가능하다.

1. 나의 강점 활용

나의 강점을 잘 활용하는 것은 좋은 전략이다. 그러나 이것은 상당히 본능적인 전략이기도 하다. 적과 대치하고 있는 상황에서는 누가 시키지 않아도 자신의 강점을 활용하려고 하기 때문이다.

그러나 자신의 강점 활용 전략은 상대가 나의 강점을 압도하는 강점을 가지고 있을 때에는 치명적인 패배를 부른다. 임진왜란 때에 삼도순변사 신립 장군 부대가 바로 그런 처절한 경험을 했다.

신립 장군 부대의 강점은 기병이었다. 역사적으로 전투에서 기병은 보병을 압도했다. 신립 장군은 기병의 장점을 살려 보병이 주력인 왜군을 격퇴시키려고 했다. 그래서 험한 조령을 버리고 남한강을 끼고 있는 탄금대에 배수진을 쳤다.

그러나 왜군의 보병은 단순히 창을 든 보병이 아니었다. 그들은 당시에 조선군에게는 없던 조총을 가진 보병이었다. 즉 왜군의 강점은 바로 조총이었던 것이다. 조총은 조선군의 강점인 기병을 압도했다. 조총의 위력 앞에서 신립 장군의 기병들은 처절하게 전멸 당했다.

왜군 또한 자신의 강점을 지나치게 과신하다 이순신 장군에게 격파 당했다. 왜는 해양 국가였기에 당연히 자신의 수군이 조선을 압도할 것이라고 생각했다.

그래서 그들은 조선침략 전략을 다음과 같이 짰다. 육군은 신속하게 전진하기 위해 보급품을 많이 소지하지 않는다. 보급은 대량수송이 가능한 선박을 이용하며, 이것은 수군이 담당한다.

문제는 자신들의 강점이라고 믿었던 수군이 이순신 장군에 의해 격파당하면서 해상 보급로가 끊긴 것이다. 평양까지 치고 올라갔던 왜군은 보급을 제대로 받지 못해 겨울에 여름 복장으로 추위에 떨어야 했다. 더 큰 문제는 조총의 탄알과 식량을 제대로 공급받지 못했다는 것이다. 그야말로 왜군은 생지옥을 체험했던 것이다.

2. 적의 약점 공략

적의 약점을 공략하는 것은 가장 상식적인 전략이다. 적과 대치하고 있는 상황에서는 본능적으로 적의 약점을 찾아 공략하려고 할 것이기 때문이다.

그러나 상대의 약점을 공략하는 것은 그렇게 쉬운 일만은 아니며, 항상 효과적인 것도 아니다. 상대는 자신의 약점을 가장 정확히 알고 있고, 그것에 대한 대비를 철저히 하기 때문이다.

2012년 대통령 선거에서 새누리당 박근혜 후보의 최대 약점은 아버지 故박정희 대통령의 '5.16구데타'와 '유신'전력이었다. 박후보에게 '독재자의 딸'이라는 이미지를 주는 이 두 가지 이슈는 본격적으로 거론되기 전까지는 정치평론가들 사이에서 시한폭탄으로 간주될 정도였다.

상대인 민주통합당은 아니나 다를까 가장 먼저 이 이슈를 짚었다. 그래서 한동안 이 이슈가 박근혜 후보를 어려운 상황으로 몰아갔다. 그러나 정치평론가들이 예견했던 것처럼 치명적이지는 못했다.

상황이 이렇게 된 이유는 이미 그 이슈가 국민들에게 널리 알려져 있었고, 박근혜 후보 측이 완벽하지는 않았지만 사과를 하는 등 나름대로 발 빠르게 대응했기 때문이다. 선거막판에는 이 이슈가 더 이상 거론되지 않았을 정도였다.

따라서 상대가 전략에 능통할 때에는 상대의 널리 알려진 약점 공략에 지나치게 집착해서는 안 된다. 상대는 자신의 약점을 이용하여 역습을 해 올 수도 있기 때문이다.

이 현상은 이순신 장군의 한산도 대첩 과정에서도 나타났다. 한산도 대첩에서 이순신 장군은 조선수군의 약점을 미끼삼아 왜군을 한반도 앞바다로 유인해 대파했다. 조선수군의 전함인 판옥선은 왜군 배들에 비해 속도가 느렸고, 왜군은 이것이 조선수군의 약점이라는 것을 너무나 잘 알고 있었다.

이순신 장군은 일부러 판옥선 몇 척을 왜의 수군이 주둔하고 있던 견내량으로 출정시켰다. 그러자 왜군은 판옥선이 속도가 느리다는 것을 잘 알고 있기에 쉽게 따라잡아 격침시킬 수 있다고 확신하고 벌떼처럼 쫓아왔다. 쫓아오다보니 한산도 앞바다까지

왔고, 이곳에서 학익진 대형으로 기다리고 있던 조선수군에 의해 궤멸 당했다.

상대의 약점 공격은 상대의 강점이 약점을 상쇄할 수 없는 경우에는 효과가 있다. 이 현상은 제2차 포에니 전쟁에서 나타났다.

카르타고의 한니발이 알프스를 넘어 로마를 공격해 오자, 로마의 스키피오 장군은 그의 부대를 로마로 진군시키지 않고, 주력 병력이 빠진 카르타고로 출정시켰다. 그러자 한니발은 카르타고를 구하기 위해 급히 회군할 수밖에 없었는데, 무리한 회군으로 인해 병사들이 기진맥진한 상태에서 전투를 했기에 대패를 당했다.

3. 상대의 강점 공략

강점이 공략을 당하면, 강점은 더 이상 방어할 수 없는 약점으로 변한다. 강점이 공략당할 것을 예상하고 대비하는 경우는 거의 없기 때문이다. 의외로 정치나 경제 현장에서 적의 강점공략은 빈번히 나타났고, 효과도 좋았다.

2002년 대통령 선거에 출마한 한나라당 이회창 후보가 바로 이 전략의 희생자였다. 그의 강점은 '대쪽' 이미지였다. 이회창 후보는 대법원판사와 감사원장을 역임하면서 부정과 비리를 척결하는 '정의의 사도' 이미지를 가지고 있었다. 그리고 이런 이미지 덕택에 당시 정치 초년생이었지만 당당히 한나라당 대통령 후보가 되었다.

상대 정당인 민주당의 전략은 이회창 후보의 강점을 공략하는 것이었다. 이회창 후보 아들의 '병역비리 의혹'을 제기했던 것이다. 사실 이 의혹은 선거가 끝난 뒤에도 명쾌하게 입증되지 않았다. 그러나 '병역비리 의혹' 자체가 이회창 후보의 최대의 강점인 '대쪽' 이미지에 치명적인 타격을 주었다. 이것은 이회창 후보 선거패배의 주요 원인이 되었다.

4. 상대의 강점 봉쇄

상대의 강점을 봉쇄하기만 해도 전쟁에서 승리를 거둘 수 있다. 그러면 어떻게 적의 강점을 봉쇄할 것인가? 명량해전이 좋은 예이다.

명량해전에 임하는 왜군의 최대 강점은 배의 숫자가 많다는 것이었다. 원균휘하의 조선수군이 칠전량 해전에서 왜군에 대패하여 조선수군은 고작 13척의 전함을 가지고 있었다. 반면 왜군은 300척 이상의 배를 보유하고 있었다.

이 상황에서 이순신 장군의 전략은 왜군이 그들의 장점인 수백 척의 배로 동시에 공격해 오지 못하게 하는 것이었다. 왜군은 수백 척의 배를 일시에 동원해 이순신 장군이 애용하던 '학익진'이나 '일자진' 전략을 구사할 것이 거의 확실했다. 즉 10배가 넘은 배가 일시에 에워싸고 공격해 오면 13척의 배만 가진 조선수군은 감당할 수 없다.

그래서 이순신 장군은 싸움 장소를 울돌목으로 정했다. 울돌목은 폭이 좁고 물살이 거세 적의 배들이 동시에 덤벼들 수 없다. 즉 일자진이나 학익진을 구사할 수 없다. 또한 선두에 선 왜군의 배들을 침몰시키면 뒤의 배들이 전진하기 어려웠다.

당시에 왜군이 동원한 배는 130여척이었다. 그러나 만의 폭이 좁은 울돌목에서 20여척만이 선두에 설수 있었고, 이 배들 대부분이 조선수군에 의해 대파되자 왜군은 더 이상의 싸움을 포기하고 퇴각했다.

이 해전에서 왜군이 대패 당했다지만, 실제로는 130여척의 배 중에서 31척 밖에 잃지 않았다. 초전의 패배에도 불구하고, 계속 싸울 수 있는 여력이 있었던 것이다. 그러나 그들은 더 이상의 싸움을 포기했다. 자신들이 굳게 믿었던 강점이 봉쇄당하자 왜군은 심리적으로 위축되어 전의를 상실했던 것이다.

다윗과 골리앗의 싸움에서도 골리앗은 자신의 강점을 완전히 봉쇄당했다. 골리앗은 기골이 장대하고, 칼과 창을 잘 쓰는 대단한 장수였다. 반면 다윗은 풋내기 양치기 소년이었다. 그러나 다윗은 골리앗이 자기편 장수들과 싸우는 것을 보면서 골리앗의 강점을 이미 다 파악했다. 반면에 골리앗은 다윗의 강점을 모르고 있었다.

다윗은 골리앗이 자신의 강점을 사용하지 못하도록 근접전을 피했다. 즉 골리앗의 강점을 완벽하게 봉쇄했던 것이다. 그러면서 양을 노리는 늑대들을 쫓기 위해 쓰던 돌팔매질로 골리앗을 쓰러뜨렸다. 만약 다윗이 돌팔매질의 명수라는 것을 알았다면, 골리앗은 활을 들고 나왔을지 모른다. 그러나 그것을 몰랐기에 무참히 당했던 것이다.

5. 상대의 공격 방어 및 약점 공략

병법의 대가인 손자는 "나의 강점으로 상대의 약점을 쳐라."라고 설파했다. 그러나 대부분의 경우 약점이 공략당하는 동안, 강점이 가만있지 않는다. 즉 강점은 나름대로 상대를 공격한다.

그러므로 상대가 자신의 강점을 활용하면, 일단 그것을 방어하면서 견뎌야 한다. 그 후에 상대의 약점을 찾아 공략해야 한다. 이것의 전형적인 예가 인천 상륙작전이다.

6.25 한국전쟁 당시 한 때 북한군은 부산만 탈환하면 한반도를 완전 점령할 수 있는 상황에 있었다. 그러므로 당연히 낙동강 전선에 자신의 최대 강점인 러시아와 중국 등지에서 실전 경험을 쌓은 정예 부대 뿐만 아니라 모든 화력을 쏟아 부었다.

이 때 연합군 총사령관 맥아더 장군은 '북한군 공격 방어 후 약점 공략'의 전략을 구사했다. 그는 낙동강 전선에서 북한군을 격퇴시키려고 하지 않았다. 다만 방어를 잘하여 현상만 유지시켰다. 대신에 북한군이 거의 방어하지 않아 취약한 인천에 상륙을 감행했다. 상륙작전이 성공하고, 서울이 탈환되자 낙동강 전선에 몰려있던 북한 정예군은 더 이상 보급을 받을 수 없었고, 이로 인해 퇴각하지 않을 수 없었다.

■ 전략의 소통

아무리 훌륭한 전략을 짜도, 실행 주체인 구성원들이 그 전략을 잘 이해하지 못하면 무용지물이 된다. 따라서 구성원들로 하여금 전략을 정확히 이해하고, 숙지하게 하는 것이 바로 '전략의 소통'이다.

전략의 소통방법은 전략을 실행하는 구성원들의 규모에 따라 달라져야 한다. 선거와 같이 대상이 상당히 광범위한 경우에는 전략을 메시지로 만들어 회자시켜야 한다.

18대 대통령 선거에서 '반값 등록금'이 화두가 되었다. 그 내용을 살펴보면 후보마다 차이가 있었다. 새누리당 박근혜 후보의 '반값 등록금' 공약은 가구 소득에 따라 차등화 된 장학금을 지원해 2014년까지 실질적으로 대학등록금을 반값으로 낮춘다는 것이었다. 반면 민주통합당 문재인 후보의 '반값 등록금' 공약은 모든 학생들의 등록금을 반값으로 낮추고, 저소득층 자녀에게는 추가로 장학금을 지원하겠다는 것이었다.

이런 차이에도 불구하고 두 후보가 똑같이 '반값 등록금'이라는 문구만을 강조한 이유는 위의 차이를 구체적으로 명시하려했다가는 설명이 너무 길어져 대학생들을 위한 대표적인 복지정책인 '반값 등록금'을 소통시키는데 문제가 발생하기 때문이었다.

대통령 선거에서 득표에 가장 중요한 사람들은 후보의 열성 지지자들이다. 이들의 구전 없이는 결코 부동층을 효과적으로 공략할 수 없다. 문제는 이들 열성 지지자들이 후보의 공약을 구체적으로 이해하고, 숙지하려 하지 않는다는 점이다. 따라서 후보는 자신의 전략을 한 눈에 이해하고, 쉽게 숙지할 수 있는 메시지로 만들어 전달하다보니 이런 결과가 나온 것이다.

실제로 전략을 '반값 등록금'과 같은 짧고 명확한 메시지로 만들어도 상당수의 열성 지지자들은 주위의 다른 유권사들에게 전달하지 않는다. 이 문제를 해결하기 위해 후보 측은 큰 네거리에 "반값 등록금을 반드시 실천하겠습니다."와 같은 현수막을 걸어 오가는 열성 지지자들과 유권자들이 반복적으로 볼 수 있게끔 한다. 또한 휴대폰 문자메시지, 컴퓨터 이메일 등을 통해 지속적으로 홍보한다.

반면 전략을 이행하는 구성원이 소수일 때에는 상당히 복잡한 전략이라도 소통이 잘된다. 1,000만 명 이상의 관객을 동원했던 '도둑들'이라는 영화를 보자. 이 영화에는 10명의 도둑이 등장한다. '태양의 눈물'이라는 다이아몬드를 훔치기 위해 모인 이들 사이에서 전략이 상당히 복잡했음에도 불구하고 소통 때문에 문제가 발생하지 않았다.

중국공산당의 원조인 모택동은 반공을 신조로 삼고 있는 우리에게는 적이었지만, 전략기획에 매우 뛰어난 인물이었다. 한 때 그의 군대는 병사의 수 등 모든 면에서 적인 장개석 군대의 1/10 수준이었기에 정상적으로 싸우면 이길 수가 없었다.

그래서 그는 쫓겨 다니면서 적과 싸우는 유격전을 택했는데, 이런 환경에서는 부하들에게 시시때때로 필요한 전략을 제공할 수 없었다. 전략에 능통했던 모택동은 간단하면서 명료한 상시 전략을 만들고 이를 부대원들에게 숙지시켜 결국에는 장개석을 물리쳤다.

그가 만든 전략은 “적이 진격해오면 물러나고(敵進我退), 적이 머물면 교란하고(適住我攪), 적이 지치면 때리고(敵疲我打), 적이 도망가면 쫓는다(敵退我追).”이다. 즉 상황에 따라 다르게 적에 대응하는 교과서적인 복수의 전략을 하달했고, 이것은 완벽한 성공을 거두었다.

전략의 효과

성공적인 삶을 산 사람은 항상 두 가지에 충실했다. 첫째는 인재를 모았다. 삼성 이병철 회장은 "사람이 기업을 움직이고, 성패를 좌우한다."라고 말했다. 이것은 인재 없이는 회사도 존재하지 않는다는 것을 의미한다. 현대의 정주영 회장은 매년 신입사원 수련회에 빠짐없이 참석하여 신입사원들과 함께 보낸 것으로 유명하다. 신입사원 교육에 중점을 두면서, 동시에 신입사원들 중에서 인재를 찾으려고 노력했던 것이다.

역사상 인재를 중시해서 성공한 대표적인 사람 중의 하나가 삼국지에 나오는 유비이다. 그는 삼고초려 끝에 제갈공명을 얻은 후, 초라한 이상주의자에서 거대한 중국의 1/3을 지배하는 맹주가 되었다.

성공적인 삶을 산 사람들의 또 하나의 특징은 목표뿐만 아니라 상당히 구체적인 전략까지 가지고 있었다는 점이다. 제갈공명을 만나기 전까지 유비의 목표는 "천하를 태평하게 하겠다."는 것이었다. 이것은 어린이들이 전략없이 막연히 "나는 크면 대통령이 될 거야."라고 말하는 것과 다름이 없다.

유비의 책사가 된 제갈공명은 그에게 '삼분지계'라는 전략을 제시했다. 그것은 북쪽의 조조, 남쪽의 손권을 피해 우선 서쪽을 장악한다. 그 다음에 천하통일을 도모한다는 것이었다. 이것은 절반의 성공을 거두었다. 유비는 중국을 통일하지는 못했지만, 중국의 1/3을 통치하는 군주가 되었으니 말이다.

삼성의 이건희 회장도 장기 전략을 가지고 있었다. 그가 회장에 재직할 당시에 삼성은 비록 전자분야에서 삼류였지만, 반도체가 전자분야의 핵심으로 떠오르는 시기에 이 분야를 선점하여 1위가 되겠다는 상당히 앞서가는 전략을 가지고 있었다. 그는 이것을 실행에 옮겨 현재 삼성전자를 세계 제일의 전자업체로 만들었다.

이것이 바로 전략이다. 전략은 장기적일수록, 구체적일수록, 미래지향적일수록 성공적인 결과를 가져온다.

전략은 제갈공명과 같이 영입한 인재에게서 얻을 수 있다. 또한 조조와 같은 통치자의 머리에서 나올 수도 있다. 삼성 이건희 회장이 반도체 산업을 주도했듯이 말이다.

■ 현실에서 빈번히 나타나는 전략의 유형

전략기획가들은 '전략적 사고'를 하라고 권유한다. 반드시 따라야 하는 조언이다. 문제는 그냥 '전략적 사고'를 하려고 노력한다고 해서 '전략적 사고'를 할 수 있느냐는 것이다.

전략적 사고를 하려면 '전략에 대한 지식'을 어느 정도 가지고 있어야 한다. 이런 지식을 배경으로 상대가 어떤 전략을 구사하고 있다는 것쯤은 쉽게 파악할 수 있어야 한다. 그래야만 상대의 전략을 능가하는 전략을 도출하고 구사할 수 있는 것이다. 즉 "지피지기(知彼知己) 백전백승(百戰百勝)"인 것이다.

아래에서는 현실에서 가장 많이 쓰이는 전략 10여개를 서술했다. 최소한 이 정도의 전략을 알아야지만 가장 기본적인 전략기획을 짤 수 있다.

아래 전략을 배우기 전에 유념해야 할 점이 있다. 그것은 전략의 형태와 종류는 무궁무진하다는 점이다. 즉 상황에 따라 언제든지 새로운 전략이 도출될 수 있다.

좋은 예가 그 유명한 '배수진'이다. 중국 한나라 장수 한신은 오합지졸 몇 만 명을 데리고 조나라를 공격했다. 문제는 조나라가 20만의 정예군을 가지고 있었다는 점이다. 평범하게 싸워서는 결코 이길 수 없는 상황이었다. 이 때 그는 그 유명한 '배수진'을 사용했다. 즉 자신의 군대로 하여금 더 물러설 곳이 없는 강을 등지게 했던 것이다.

그 전까지 '배수진'은 금기시된 전략이었다. 병법은 "물을 앞에 두고 싸우라."고 가르쳤던 것이다. 그러나 한신은 '배수진'이라는 새로운 전략을 만들어 자신보다 몇 배 강한 조나라 군대를 물리쳤다.

1. 비판전략

'비판전략'은 상대의 약점을 비판하여, 그 비판에 동조하는 사람들의 지지를 얻는 전략이다. 이 전략은 상대가 누구나 공감하는 약점을 가지고 있을 때 효과적이다.

2012년 대통령 선거에 무소속으로 출마한 안철수 후보의 전략은 기존 정치권을 비판하는 것이었다. 당시 기존 정치권은 크게 보수와 진보로 나뉘어져 있었다. 보수의 대표주자는 새누리당 박근혜 후보였고, 진보의 대표주자는 민주통합당 문재인 후보였다. 이런 보수와 진보 성향의 대립현상은 이미 오래전부터 존속되어 왔다. 그래서 무소속 안철수 후보가 끼어들 여지가 없었다.

그러나 안철수 후보는 이념이 아닌 다른 차원에서 지지를 얻을 수 있는 계층이 존재한다는 것을 확인했다. 그것은 바로 '기존 정치권 반발층'이다. 이 계층 또한 이념적 성향 계층만큼이나 오랫동안 존속해온 계층이다.

경제가 안 좋을수록, 서민 생활이 어려워질수록 기존 정치권에 불만을 갖는 국민들은 늘어난다. 노무현 정부 때에는 경제가 안 좋았기 때문에 이런 계층이 많았다. 이명박 정부 때에는 '부의 양극화 현상' 즉 부가 재벌과 대기업에 편중되는 현상 때문에 '기존 정치권 반발층'이 양산되었다.

이명박 정부하에서의 '부의 양극화 현상'에 의해 촉발된 열악한 경제 상황은 보수와 진보 이념 모두 다 틀렸다는 소위 '양비론(兩非論)'을 가능케 했다. 양비론을 기저에 깔고 정치개혁과 정치쇄신을 강조한 안철수 후보는 한동안 대통령 선거 지지도에서 1위까지 넘보는 유력한 후보가 될 수 있었다.

2. 미끼전략[3)]

'미끼전략'은 떡밥으로 물고기를 잡듯이, 미끼를 이용하여 상대로부터 어떤 이익을 얻어내는 전략이다.

미국에서 소년이 꽃다발을 들고 동네 가정집의 현관문을 두드린다. 주인이 문을 열자 소년은 꽃다발을 10불에 사달라고 청한다. 주인이 거절하자, 그는 캔디를 꺼내들고 꽃 대신에 캔디를 1달러에 사줄 것을 청한다. 꽃다발 구입요청을 거절해 다소 미안한 마음을 갖고 있던 주인은 썩 마음에 내키지 않지만 부담 없는 1달러짜리 캔디를 사주고 만다.

여기서 꽃다발이 바로 미끼다. 상대로 하여금 일단 미안한 마음을 가지게 한다. 그런 다음 그것을 보상할 기회를 제공하여 소기의 목적을 달성하는 것이다.

애초부터 이 소년의 전략은 꽃을 파는 것이 아니었다. 꽃을 사주면 더 좋다. 그러나 그것은 기대도 하지 않았다. 캔디를 파는 것이 목적이었기 때문이다. 실제로 그는 들고 다니기 힘든 꽃다발은 몇 개 가져오지도 않았다. 한편 캔디는 가방에 수북했다.

대통령이 취임하여 2년 정도 지나면서 대통령 지지도가 40%를 오르내리는 시점에 야당은 '미끼전략'을 구사할 기회를 얻는다. 대통령은 자신의 지지도 하락 저지에 도움이 되는 영수회담을 제안한다. 이 때 야당은 영수회담의 대가로 자신이 원하는 것을 얻을 수 있다.

구체적으로 설명하면 대통령 지지도가 하락하고 있으므로, 아쉬운 쪽은 대통령 쪽이다. 그러다 보니 대통령은 영수회담의 반대급부로 야당에게 그들이 원하는 무언가를 선물해야 한다. 이것을 너무나 잘 알고 있는 야당 대표는 대통령이 받아들이기 어려운 요청을 한다. 그러면 대통령은 당연히 거절한다.

이때 야당 대표는 대통령이 받아들이기 다소 껄끄럽지만 무리하면 받아들일 수도 있는 다른 요구를 한다. 그러면 대통령은 이전 요구를 거절한 것에 대한 미안감 때문에 야당 대표의 다소 지나친 요구를 받아들이고 만다. 야당 대표의 목표는 애초부터 두 번째 요구였다. 첫 번째 요구는 대통령의 마음속에 보상심리를 창출하기 위한 미끼에 불과했던 것이다.

미끼전략은 인간의 생사와 운명을 좌우하는 큰 거래에서도 자주 그 모습을 드러낸다. 1930년대 일제 강점기에 인천미두시장(곡물투기시장)에서 한 때 큰돈을 벌었던 반복창이라는 사람이 있었다. 그는 어려서부터 일본인 미곡투기꾼 밑에서 일했는데, 그 투기꾼이 일본으로 떠난 뒤에 미두시장에서 투기를 하여 일확천금을 벌었다. 그는 조선 최고의 미인과 서울에서 결혼했으며, 결혼식 날 하객들을 인천에서 결혼식장으로 실어 날기 위해 경인선을 전세 냈을 정도였다. 지금으로 따지면 KTX를 전세 낸 것과 같다.

그러나 사실은 그가 일본 조선총독부가 내세운 미끼였을 가능성이 매우 높다. 일본입장에서는 조선 사람으로 투기장에서 일확천금을 번 사람이 있어야 조선 사람들이 투기장에 벌떼처럼 몰려들 것이고, 이들의 돈을 따먹을 수 있었기 때문이다. 인천미두시장은 일본 오사카 미두시장의 영향을 받기에 그 정보를 먼저 아는 조선총독부가 그에게 정보를 주면 그는 쉽게 돈을 벌 수 있었다.

3. 유인전략

'유인전략'은 상대의 강점을 다른 데 쓰게끔 유인하고, 약한 부분을 공략하는 전술이다. 이 전략의 예를 어디서나 쉽게 볼 수 있다.

우리나라 베비붐 세대의 남성들이 어렸을 때 즐겨봤던 클린트 이스트우드 주연의 '석양의 건맨'이라는 당시에는 꽤나 유명했던 영화가 있다. 모든 것이 제도화되지 않아 법보다 총이 우선시 되었던 서부시대가 배경인 이 영화에서 은행 강도들은 유인전략을 구사하여 대형 은행을 턴다.

조금 더 구체적으로 설명하면 업무시간 종료 후에도 40명이상이 경호하고 있는 대형 은행을 터는 것이 이들의 목적이었다. 대형 은행일수록 돈이 더 많기 때문이다. 갱들이 이 은행을 털려면 그 은행을 경호하는 인력을 줄여야 했다. 그들은 어떻게 줄였을까?

그들은 우선 인근에 있는 작은 은행을 터는 척 했다. 그러자 그 은행에서 큰 은행으로 지원요청이 왔고, 큰 은행의 경호부대가 대거 작은 은행을 돕기 위해 움직인 사이에 큰 은행을 털었다.

또 다른 서부영화인 존 웨인 주연의 '워 웨건(*The War Wagon*)'이라는 영화에서도 유인전략을 볼 수 있다. 이 영화에서 주인공은 자신과 불편한 관계에 있던 지역 유지의 금괴마차를 털기 위해 유인전략을 구사한다.

금괴마차를 터는 일당은 5명인데 반해, 금괴마차는 항상 앞뒤로 수십 명의 말을 탄 경호원들의 호위를 받는다. 이 일당은 어떻게 금괴마차를 손에 넣었을까?

이들 또한 유인전략을 구사했다. 인근의 인디언들에게 금괴마차를 쫓아가라고 시켰다. 수십 명의 인디언들이 금괴마차를 쫓아오자, 금괴마차를 앞뒤에서 호위하던 경호원들이 인디언들을 쫓기 시작했다. 그러면서 금괴마차는 경호원이 몇 명밖에 안 되는 마차가 되었다. 이 때 주인공과 그의 일당은 금괴마차를 탈취했다.

4. 강세전략[4)]

'강세전략'은 자신의 승리가 확실하다는 것을 모든 사람들이 명명백백하게 알게 하여 상대가 도전하지 못하게 하거나, 제 3의 세력이 자기편에 서도록 하는 전략이다. 선거에 출마한 후보가 자신이 여론조사 지지도에서 1위라는 것을 지속적으로 홍보하면, 승리하는 후보 편에 서고 싶어 하는 부동표들이 그 후보를 지지하게 되는데, 이것이 바로 강세전략이다.

1987년 대통령 선거에서 노태우 후보를 당선시킨 민정당은 다음해에 실시된 국회의원 선거에서 과반수 의석을 획득하는데 실패했다. 민주주의 국가에서 대통령이 국회의석의 과반수 획득에 실패하면 거의 '식물 대통령'이 되기 때문에 노태우 대통령은 자신의 당인 민정당, 김영삼씨가 대표인 민주당, 김종필씨가 대표인 공화당을 합쳐 국회의석이 218석인 거대 여당 민자당을 만들었다.

민자당은 이때 이미 영남뿐만 아니라, 우리나라 대통령 선거의 전선인 충청권의 지지까지 확보했던 것이다. 이로서 민자당은 차기 대통령 선거에서 패배할 수 없는 정당이 되었다.

1992년 대통령 선거에서 민자당 대통령 후보가 된 김영삼씨는 당세를 업고 선거에서 승리했다. 김영삼 후보는 3당 합당을 통해 강세전략의 기반을 구축했고, 이것을 후보가 된 후에도 지속적으로 사용해서 승리했던 것이다.

대통령 선거와 같이 선거 1~2년 전부터 대중매체가 선거관련 여론조사 결과를 지속적으로 발표하는 선거에서는 지지도에서 1위만 지속적으로 유지하면 강세전략은 자동적으로 작동된다. 한편 국회의원 선거나 기초단체장 선거 등과 같이 대중매체들이 지속적으로 여론조사 결과를 발표하지 않는 선거에서는 유권자들이 어느 후보가 1위인지 모를 수 있다. 따라서 강세전략이 자동적으로 작동하지 않는다.

따라서 지지도가 1위인 후보는 강세전략이 작동되도록 지역 신문이나 방송으로 하여금 여론조사 결과를 자주 발표하도록 해야 한다. 반면 2위 후보는 1위 후보에게 유리한 강세전략이 작동되는 것을 막기 위해 대중매체의 여론조사 결과 발표를 최선을 다해 저지해야 한다.

이순신 장군도 가끔 강세전략을 사용했다. 그는 전투에서 이긴

후에 전 함대를 모아놓고 북을 치고 나팔을 불어댔다. 동시에 전 함대가 일제히 함포를 발사하여 함대의 위력을 과시했다. 육지로 도망가서 이 모습을 지켜보고 있던 왜병들은 승전은 고사하고, 목숨이나 제대로 부지할 수 있을지를 걱정해야 할 정도로 사기가 떨어졌다.

5. 선점전략[5)]

'선점전략'은 아예 상대가 싸울 준비조차 하지 못한 무인지경의 상태에서 전선을 점령하는 전략이다. 상대에게 이미 전선이 장악되었다는 것을 보여줘 상대의 싸울 의지를 꺾는 것이다.

카자흐스탄은 대통령의 임기가 끝나기 전에 대통령 선거를 조기에 실시하는 것이 헌법상 보장된 국가이다. 그래서 대통령 임기가 7년인 카자흐스탄의 나자르바예프 대통령은 1999년과 2005년에 조기 대통령 선거를 실시했었다.

1999년에 실시한 조기 선거는 2000년까지 재임이 가능함에도 불구하고 1년 앞당겨 실시한 것이고, 2005년 대통령 선거도 역시 2006년까지 임기가 보장되어 있음에도 불구하고, 앞당겨 실시한 것이다.

나자르바예프 대통령이 조기 선거를 실시했던 이유는 딱 한 가지이다. 상대 후보가 출마 준비조차 못하고 있을 때, 선거를 치러 승리하기 위한 것이었다. 즉 선점전략을 구사했던 것이다.

이 같은 선점전략으로 나자르바예프 대통령은 1999년 선거에서는 사실상 경합 없이 당선되었다. 그리고 2005년 조기선거에서는

91%를 득표하여 압도적인 승리를 거두었다. 이와 같이 선점전략은 대체로 압도적인 승리를 가져온다.

우리나라에서 재선을 원하는 국회의원이나 지방자치 단체장들은 선거 2년 전부터 활동을 더 활발히 한다. 이것은 선거구를 신점하기 위한 것이다.

선점 효과는 매우 크다. 상대가 선점한 고지를 다시 점령하려면 그렇지 않을 때보다 훨씬 더 많은 화력을 쏟아 부어야하기 때문이다.

병법 연구가들은 공격하는 군대가 승리하기 위해서는 수비하는 군대보다 최소한 3배 이상의 병력이 가지고 있어야 한다고 말한다. 즉 우리 쪽이 일단 선점을 하면 상대는 그렇지 않을 때보다 3배 이상의 인적·물적 자원을 쏟아 부어야 승리할 수 있다는 말이다.

이런 상황에서 상대가 선택할 수 있는 것은 공격 포기, 3배 이상의 자원 확보, 패배 세 가지 중의 하나이다. 현대와 같이 모든 정보가 공개되어 있고, 기회가 공평한 환경에서 갑자기 세배이상의 자원을 확보하기란 결코 쉽지 않다. 따라서 일단 선점 당하면 패배를 피하기 어렵다.

6. 선제전략[6]

2차 세계대전과 한국전쟁에서 뚜렷한 공적을 남겼던 맥아더 장군은 "적이 덜 준비되어 있을 때 쳐라. 이것이 나의 좌우명이다."라고 말했다. 맥아더장군이 '선제전략'을 얼마나 중요하게 생각 했는지를 보여주고 있는 대목이다.

'선제전략'은 어떤 사유로 인해 상대가 활동을 제대로 할 수 없을 때 전선을 공략하여 장악하는 전략을 말한다. 상대의 활동이 활발할 때는 아무래도 공략의 효과가 축소된다. 따라서 상대가 활동을 멈췄을 때 공략하는 것이 좋다.

2006년 5월 지방자치 선거 지원유세 도중에 한나라당 박근혜 대표가 얼굴 부위에 테러를 당했다. 그 후 몇 달 동안 박근혜 후보는 테러 후유증으로 인해 대통령 후보로서의 활동을 거의 하지 못했다.

한편 이 기간에 상대인 이명박 후보는 '전국운하'등의 공약을 앞세워 선거운동을 활발히 전개했다. 그 결과 이명박 후보는 한 때 박근혜 후보에게 빼앗겼던 지지도 1위 자리를 되찾았다.

이명박 후보는 이때 탈환한 1위 자리를 약 일 년 후인 한나라당 대통령 후보 경선시점까지 지켰다. 1위 자리는 커다란 외부의 돌발변수가 발생하지 않는 한 쉽게 이양되지 않는다. 즉 이명박 후보는 선제전략을 십분 활용하여 한나라당 경선에서 승리했고, 이것을 발판삼아 대통령 선거에서 승리했던 것이다.

7. 네거티브 전략

이명박 대통령은 국무총리실과 9개 정부부처를 세종시로 옮기는 실질적인 '정부청사의 일부 이전' 대신 세종시를 '비즈니스 교육도시'로 만드는 수정안을 발표 했었다. '세종시' 수정안은 실질적으로 '충청권으로의 정부 이전 철회'를 의미하는 것이었다.

이 때 야당인 민주당과 자유선진당은 이구동성으로 "대통령 선거 때 이명박 대통령이 충청권으로 일부 정부부처를 옮길 것이라고 14번이나 말했는데, 대통령이 되고 나서 말을 바꿀 수가 있느냐? 세상천지에 이런 일이 있을 수 없다."라고 하면서 대통령의 '말 바꾸기'를 신랄하게 비난했다.

야당들은 세종시로 일부 정부청사를 옮기는 것이 더 타탕한지, 아니면 정부청사 이전을 철회하고 그곳에 비즈니스 교육도시를 만드는 것이 국익을 위해 도움이 되는 지에 대해서는 언급조차하지 않았다. 대신에 대통령의 '말 바꾸기'만을 강조하면서 대통령의 신뢰성을 공격했다.

이와 같이 '네거티브 전략'의 핵심은 상대의 비윤리성, 비도덕성, 말 바꾸기 등을 폭로하여 상대가 국민의 지지를 못 받도록 하고, 그 지지가 자신에게 오게끔 하는 전략이다. 이 전략은 정치나 선거에서 가장 많이 구사되는 전략이다.

이런 네거티브 전략을 구사하는 이유는 단 한 가지이다. 그것은 "사람 자체를 공격하여 믿을 수 없는 사람으로 만듦으로써, 그 사람이 하는 일의 진정성도 동시에 신뢰할 수 없도록 만드는 것이다."

'세종시' 수정안 논쟁에서 야당이 네거티브 전략에 끌릴 수밖에 없었던 이유가 있다. '정책의 옳고 그름에 대한 논쟁'에서는 '누구의 잘못'이 뚜렷이 밝혀지기 어렵다. 누구의 주장이 틀렸다는 명확한 판정이 나온다 해도 그렇게 되기까지는 적지 않은 시간이 소요된다. 최악의 경우에는 논쟁에서 야당이 패배할 수도 있다.

그러나 대통령의 '말 바꾸기'에 대한 공격은 거의 실패할 가능성이 없다. 누가 잘못 했는지가 이미 명백히 드러나 있고, 이런 상황에서 여당 국회의원들조차 대통령 편에 서기가 쉽지 않기 때문이다.

8. 연계전략

선거에 출마한 후보들은 흔히 유명 정치인과 같이 찍은 사진을 선거홍보물에 게재한다. 그러면 유권자들은 그 후보가 유명 정치인과 친하다고 생각한다. 특히 대통령이나 광역단체장과 함께 찍은 사진이 효과적인데, 유권자들은 그 후보가 당선되면 대통령이나 광역단체장으로부터 재정적·행정적 도움을 받을 수 있을 것이라고 생각하기 때문이다.

그러나 실상은 전혀 다르다. 선거 때가 되면 정당에서 유명 정치인으로 하여금 후보들과 일일이 사진을 찍게 한다. 그래서 유명 정치인이 후보의 이름조차 모르는 경우가 허다하다.

18대 국회의원 선거에서 대구지역 한나라당 후보들은 자신의 선거구를 벗어난 지역임에도 불구하고 대구지역에서 표를 많이 가지고 있던 박근혜 후보의 뒤를 쫓아다니곤 했다. 이것은 유명 정치인인 박근혜 후보와 같이 있는 모습이 텔레비전이나 신문을 통해 알려지면 그 후광을 받아 쉽게 표를 얻을 수 있었기 때문이다.

이렇게 대중적 인기가 있는 인물과의 연관성을 강조하면서 이득을 취하는 전략을 '연계 전략'이라고 한다. 이 전략은 특히 시간이 부족하여 자신을 충분히 알리기 어렵거나, 상대방에 비해 자신의 능력이 부족할 때에 많이 사용된다.

한편 상대방을 공략하기 위한 '연계전략'도 있다. 18대 대통령 선거 때 '이명박근혜'라는 말이 나돌았다. 이 말은 상대방이 박근혜 후보를 공격하기 위해 만든 용어였다. 당시 국민들에게 인기가 없었던 이명박 대통령과 새누리당 박근혜 후보를 연계시킴으로서 박후보의 지지도를 하락시키려고 했던 것이다.

9. 차별화 전략

'차별화 전략'은 확실히 우위를 점하고 있는 강점을 이용하여 경쟁에서 승리하는 전략이다. 단기간에 상대가 쫓아오거나, 모방하지 못할 우위를 점하는 것이 '차별화 전략'의 핵심이다.

임진왜란 때 육지에서 조선군은 왜군을 압도하는 무기를 가지고 있지 못했다. 최무선 등이 왜군보다 먼저 화포와 화약을 발명하고 개발했기 때문에 화포와 화약에서 왜군을 압도 했지만, 조선군의 대포알은 터지는 것이 아니었다. 그냥 크기가 큰 쇠구슬이었기에 육지에서는 파괴력이 대단치 않았다.

반면 왜군에게는 차별화된 무기가 있었다. 그것은 조총이었다. 50미터 내외의 근접전에서 조총의 위력은 대단했기에 조선군은 고전을 면치 못했다.

그러나 해전에서는 상황이 달랐다. 조선군이 쏘아대는 쇠구슬은 나무로 만들어진 왜군의 배에 구멍을 낼 수 있었다. 한번 큰 구멍이 나면 배는 더 이상 제 구실을 할 수 없었고, 그 배에 타고 있던 왜군들도 제대로 싸울 수 없었기에 효과적이었다.

왜군의 배들은 조총을 쏘기 위해 50미터 이내로 근접하기도 전에 수 백 미터 밖에서 조선수군이 쏴대는 쇠구슬을 맞고 휘청거렸다. 이 같은 차별화전략은 이순신 장군의 23전 23승에 지대한 공헌을 했다.

10. 모방전략

'모방전략'은 상대의 강점을 모방하여 자신의 것으로 만드는 것이다. 일명 '미투*(Me Too)*' 전략으로 알려져 있는 모방전략은 적어도 두 가지 장점이 있다. 첫째 적의 강점과 자신의 약점이 차별화되는 것을 막을 수 있다. 두 번째 모방전략을 사용하면 비용과 시간을 절약할 수 있다. 즉 상대가 이미 만든 기술이나 아이디어를 모방하면 적지 않은 시간과 비용을 줄일 수 있다.

이러한 모방전략을 방지하기 위해 기술의 원조들은 최대한 노력을 기울이고 있다. 삼성과 애플은 미국, 독일, 한국 등 전 세계 9개 이상의 국가에서 50건이 넘는 특허소송을 진행 중이다. 이와 같이 특허소송을 벌이는 이유는 상대방의 '모방전략'을 차단하기 위한 것이다.

11. 순간우위 확보 전략[7)]

'순간우위 확보 전략'은 병력은 적지만 적과 조우하는 순간에 숫자의 우위를 지켜 승리하는 방법이다. 가상의 예를 들면 A부대에는 3명의 병사가 있고, B부대에는 4명의 병사가 있다고 하자.

이런 상황에서 A부대의 전략은 B부대 병사를 2명씩 분리시킨 뒤, 자신의 3명의 병사 모두를 동원하여 분리된 A부대원 2명씩을 차례로 격파하는 것이다.

사실 이 전략은 우리가 인지하고 있지 못할 뿐이지 역사에서뿐만 아니라, 정치현장에서도 흔히 볼 수 있다. 1805년 나폴레옹은 러시아와 오스트리아 연합군과 대치하고 있었다. 당시에 러-오 연합군은 8만의 병력과 280문이 넘는 포를 가지고 있었다. 반면 나폴레옹은 6만 여명의 병력과 140여문의 포를 가지고 있었다.

러-오 연합군과 나폴레옹 군대 중 누가 이겼을까? 결과는 나폴레옹 군대의 압승이었다. 나폴레옹은 '순간우위 확보'전략을 사용했다. 그는 러시아와 오스트리아가 서로 다른 곳에 진을 치고 있다는 사실을 이용했다. 즉 우선 러시아군을 격파하고, 재빨리 움직여 오스트리아군을 쳤던 것이다. 전체적인 군인의 숫자는 나폴레옹 군대가 적었지만 러시아와 오스트리아 군대 각각을 대면한 전투상황에서는 그의 군대가 숫자에서 압도했다.

2002년 대통령선거 과정 중에 있었던 노무현 후보와 정몽준 후보의 단일화를 위한 여론조사에서도 '순간우위 확보전략'과 유사한 현상이 나타났다. 이 조사에서 노무현 후보는 정몽준 후보를 4.6%차로 앞섰다. 그래서 단일후보가 되었다.

문제는 이 여론조사 직전에 방송과 신문들이 여론조사 결과를 발표했는데, 정몽준 후보가 박빙으로 앞서고 있다는 발표가 더 많았다. 또한 두 후보 사이의 토론에서도 "정몽준 후보가 잘했다."는 응답이 많았다.

이런 상황이었는데 이틀 사이에 무슨 일이 벌어졌기에, 노무현 후보가 지지도에서 앞서게 되었을까? 여러 가지 이유가 있을 수 있다. 당시 정몽준 후보의 지지도는 하강세에 있었고, 노무현 후보의 지지도는 정체상태에 있었다는 점이 그 중의 하나다.

그러나 선거컨설턴트들은 후보의 강력지지자들이 지지도 변화를 주도했을 것이라고 추정했다. 당시에 정몽준 후보 지지자들은 누구인지 명확치 않았다. 다만 특정 연령대와 지역에 정몽준 후보 지지자들이 많다는 정도만 파악되었다.

반면 노무현 후보 지지자들은 그 실체가 명확했다. 그들은 노사모라는 단체를 만들고, '희망돼지 저금통'을 통해 모금활동을 할 정도로 분명히 드러나 있었다. 노무현 후보 측은 일부 지지자들이 휴대폰 번호까지 알고 있을 정도였다.

단일화를 위한 여론조사가 2002년 11월 24에 실시된다는 것이 알려진 상황에서, 자신의 강력지지자들에게 여론조사 실시 시점을 알리고, 도움을 호소할 수 있었던 노무현 후보는 당연히 유리한 입장에 있었다. 그는 이전에는 지지도에서 앞서 있지 못하다가 여론조사가 실시되는 순간에 강력지지자들의 도움을 받아 승리하였다.

당시 우리나라 전체 유권자는 약 3,400만이었고, 가구 수는 1,500만 가량 되었다. 전화면접원이 하나의 응답을 얻기 위해 다섯 가구 이상을 접촉해야 했다. 노사모 회원이 이십만 명 정도였던 점을 감안할 때, 그들이 전화를 받을 확률은 6%정도였다.

노사모 회원 모두가 전화를 받으려고 대기하고 있는 경우에 노무현 후보의 지지도는 그렇지 않은 경우보다 4~5% 가량 높아진 노무현 후보가 지지도에서 정몽준 후보를 4.6% 앞선 여론조사 결과는 그의 '순간우위 확보전략'이 성공적이었다는 것을 보여준다.

12. 이미지 전략[8)]

'이미지 전략'은 겉으로 드러난 이미지를 가지고 사람들의 호감을 사는 전략이다. 캐나다 하원의원 선거에서 외모가 매력적인 후보가 그렇지 못한 후보보다 표를 무려 2.5배나 많이 얻었다고 한다. 이것은 후보의 이미지가 득표에 결정적인 역할을 한다는 의미이다.

"열길 물속은 알아도, 한 길 사람 속은 모른다."는 말이 있듯이, 유권자가 후보의 속을 들여다 볼 수 없으니 후보의 겉모습만을 보고 판단할 수밖에 없다.

'상황에 맞는 이미지 만들기'의 예는 어렵지 않게 찾을 수 있다. 2차 세계대전 당시 미국의 전쟁영웅이었던 패튼 장군은 전쟁용 얼굴(*War Face*)을 만들기 위해, 거울 앞에 서서 끊임없이 연습했다고 한다. 패튼의 카리스마는 이런 연습을 통해 만들어졌던 것이다.

삼국지에서 제갈량은 삼고초려한 유비를 처음 맞이할 때 관을 쓰고, 흰 옷을 입고 있었다. 즉 전략가로서 자신의 이미지를 표출하려고 노력했던 것이다. 실제로 당시 쉰 살이 넘었던 유비는 아직 이십대 후반이었던 제갈공명의 외모를 보고 감탄했다고 한다.

선거에 출마하는 후보들도 미소가 깃든 선거용 얼굴(*Campaign Face*)을 만들려고 노력한다. 가장 후보다우면서도, 미소가 깃든 얼굴을 만드는 것이다. 그리고 장시간의 연습을 통해 어떤 경우에도 그 얼굴이 표출되도록 노력한다.

대표적인 예가 미국의 전 대통령 '레이건'이다. 1980년 미국 대통령 선거에 출마한 공화당의 레이건 후보는 미소 때문에 당선되었다고 해도 과언이 아니다.

배우로써 카메라 앞에서 수십 년간 활동 해온 레이건 후보는 유권자들로부터 호감 받는 미소를 지어 대다수 스윙 보우터들과 부동표의 지지를 얻었다. 반면 카메라 앞에만 서면 굳어져 병자처럼 보였던 상대 후보 먼데일은 스윙 보우터와 부동표의 지지를 얻는데 실패해 선거에 패배하였다.

우리나라 사람들은 유난히 '일등 이미지'를 가지고 있는 사람에게 쉽게 호감을 느낀다. 그래서 일류대학교 출신, 대기업 CEO 출신, 장관 등 고위관료 출신, 사법고시나 행정고시 출신 등 일등 이미지를 가지고 있는 사람들이 그렇지 않은 사람들보다 훨씬 쉽게 출세하는 것을 어렵지 않게 볼 수 있다.

아마도 평생 일등을 하도록 강요 당해온 우리나라 사람들은 일등 이미지를 가진 사람이 일도 일등으로 할 것이라고 생각하는 모양이다. 그러므로 가능하면 일등 이미지를 갖도록 최선을 다해야 한다.

일등 이미지가 부족한 사람들은 그런 이미지를 만들기도 한다. 한 국회의원 후보가 자신이 살아온 이야기를 쓴 「백범 김구처럼」이라는 자서전적 책을 출판했는데, 나는 책의 내용이 매우 좋다고 생각했다. 그러나 그 책을 처음부터 끝까지 읽은 사람은 그렇게 많지 않을 것이고, 읽었다 할지라도 내용의 일부라도 기억하는 사람은 더 적을 것이다.

그럼에도 불구하고 그 책이 그로 하여금 일등의 이미지를 갖는데 적지 않은 도움이 되었을 것이라고 생각한다. 그 이유는 그 책을 접한 유권자들은 그를 우리나라의 대표적인 독립투사인 김구 선생에게 투영시켜 기억할 것이기 때문이다.

13. 반대 이미지 전략[9)]

'반대 이미지 전략'은 국민의 신뢰를 잃은 유명인사와 완전히 상반되는 이미지를 표출하는 전략이다. 이를 통하여 그 유명인사에 실망한 국민들의 호감을 얻는 방법이다. 즉 상대의 약점을 활용한 전략이다.

1987년 대통령 선거에서 민정당 노태우 후보는 독재자의 이미지를 가진 전두환 대통령의 환영(幻影) 때문에 고전 중이었다. 그는 전두환 대통령의 '후계자 이미지'를 벗어 던지지 못하면 절대로 선거에서 승리할 수 없는 상황이었다.

노태우 후보는 불가피하게 변신해야만 했다. 그는 직선제 개헌을 받아들였다. 즉 6.29 선언을 통해 체육관에서 선거인단이 대통령을 선출하는 간접선거를 포기했다. 이를 통해 '통일주체국민회의에 의한 간접 선거'를 통해 당선된 전두환 대통령의 후계자 이미지를 어느 정도 벗을 수 있었다. 여기에다 '보통사람'이라는 캐치프레이즈를 앞세워 전임자와 정반대 이미지를 창출하는데 성공하면서 대통령에 당선되었다.

2012년 대통령 선거에 출마한 민주통합당 문재인 후보는 군대시절 낙하산을 메고 찍은 사진 한 장을 공개했다. 당시 이 사진은 적지 않은 국민의 시선을 받았다. 이유는 당시 '경제 양극화'현상 때문에 인기가 없었던 이명박 대통령이 군대 미필자였기 때문이었다. 또한 그의 대통령 선거 경쟁상대였던 새누리당 박근혜 후보가 군대에 갈 수 없었던 여성이기 때문이었다.

14. 카리스마 전략

카리스마는 타인을 이끌거나 휘어잡는 능력이나 자질을 말한다. 이것은 무리를 통솔하기 위한 중요 요소이기 때문에 리더가 반드시 갖추어야 할 덕목이다.

카리스마는 무형이기 때문에 표출하는 방법이 정형화되어 있지 않다. 그러나 카리스마 표출방법은 문화권에 따라 확연히 다르다.

'서양적 카리스마'는 한마디로 '앞장서는 리더십'이다. 즉 리더가 위험을 무릅쓰고 앞섬으로서 추종자들로 하여금 따르게 한다. 나폴레옹이나 알렉산더 같은 서구의 영웅들은 전투를 할 때 맨 앞에 서서 싸우곤 했다. 이것이 바로 서구사회가 원하는 리더의 카리스마이기 때문이다.

'동양적 카리스마'는 한마디로 '위기에도 흔들리지 않는 리더십'이다. 즉 리더가 앞장서지는 않지만 위기상황에서도 끝까지 버티는 모습을 보이는 것이다. 동양에서 전투할 때 왕이 앞장서는 경우를 찾기 어렵다. 왕은 후방에서 병사들을 독려하는 역할을 한다. 그러나 어떤 상황이 발생해도 절대 동요하는 모습을 보여서는 안 된다.

이런 문화적 차이가 선거에 출마한 후보들의 선거운동 방식에도 고스란히 반영되었다. 서양 국회의원 후보들은 혼자이건, 수행원들이 동행하던 간에 자신이 앞장서서 유권자들을 만난다. 그러나 동양 국회의원 후보들은 그 지역 유지를 대동하고 안내를 받으며 선거운동을 한다. 이렇게 해야만 더 많이 득표하기 때문이다.

■ 일상생활에서 흔히 나타나는 전략의 유형

일상생활에서 흔히 쓰이는 전략은 의외로 몇 개 안된다. 그 이유는 대부분의 사람들은 전략에 대하여 전문적으로 교육을 받지 않아서 사용하는 전략도 제한적이기 때문이다. 즉 흔히 쓰이는 전략 정도만 알고 있고, 자신들도 이것만을 구사한다.

1. 떠보기

'떠보기'는 이미 어떤 내용에 대해서 잘 알고 있지만 모르는 척 하면서 상대방에게 그 내용에 대해서 질문하는 전략이다. 주로 상대의 지식이 어느 정도인지 혹은 진실성이 있는 지를 파악하고자 할 때 사용된다.

자신이 소유하고 있는 부동산을 매각하고자 하는 사람은 그 부동산의 적정가격을 알고 싶어 한다. 이 경우에 구매의도가 있는 것처럼 가장해 부동산 중개사에게 자신의 부동산 가격을 물어본다.

이렇게 하는 이유는 물건을 팔겠다고 할 때와 사겠다고 할 때의 중개사의 호가는 차이가 있기 때문이다. 대체로 부동산 중개사들은 팔려고 내놓은 물건에 대해서는 가격을 가능한 낮게 책정하려고 한다. 가격이 낮아야 잘 팔리기 때문이다. 반면 구매자에게는 가격을 다소 높게 부르는 경향이 있다. 그런 다음 가격을 다소 깎아주면 구매자가 부동산을 구입할 가능성이 높아지기 때문이다.

2. 맞장구

'황금보다 값진 혀 놀림.' '아부의 왕'이라는 국산영화의 광고문구인데, 상대의 환심을 사기 위해 상대가 하는 말에 무조건 맞장구를 치는 행위를 뜻한다.

이 전략을 능숙하게 구사하는 사람들은 상대의 주장이 맞는 이유뿐만 아니라 적절한 예까지 들면서 맞장구를 친다. 그러면 그 사람에게 호감을 안 보일 수 없다.

상대방이 나의 능력을 알아주는 것은 매우 기분 좋은 일이다. 그러나 이렇게 상대의 기분을 잘 맞춰주는 사람을 조심해야 한다. 이런 사람이 어려운 부탁을 해오면 참으로 거절하기 어렵기 때문이다.

3. 마감전략

'마감전략'은 일정한 시간이 지나면 그 물건을 더 이상 살 수 없다는 점을 명시하는 전략이다. 즉 소비자에게 조급증을 일으켜 물건을 사게 하는 전략이다.

TV홈쇼핑에서 마감전략을 쉽게 볼 수 있다. 지금이 특정 상품을 가장 저렴한 가격에 살 수 있는 마지막 기회라는 점을 반복 강조한다. 그러면서 '마감 10분 전' 혹은 '마감 5분 전'을 외치면서 소비자를 심리적으로 압박한다.

그러면 시청자들은 그 상품을 가장 싼 가격에 구입할 수 있는 기회를 잃는다고 생각하여 다급하게 그 상품을 구입한다. 하지만 며칠 뒤에 그 홈쇼핑에서 그 상품을 똑같은 가격 혹은 더 저렴한 가격에 판매하는 것을 흔히 볼 수 있다.

4. 신비주의

'신비주의'는 자신의 의견 개진을 자제하거나, 단순화시키는 행위를 말한다. "가만히 있으면 중간은 간다."라는 말이 있다. 상대가 능력과 지식은 있어 보이는데, 말수가 적고 미소만 짓는 등 의사표현을 적극적으로 하지 않는 경우가 있다. 그러면 나는 상대를 잘 모르기에 그가 겸손해서 혹은 과묵해서 그런 태도를 보인다고 속단하고, 상대방을 과대평가하는 경향이 있다.

그러나 상대는 능력과 지식이 부족해서 그런 태도를 취하는 경우가 많다. 즉 상대는 겸손해서가 아니라, 대화내용에 대해서 잘 모르거나 이해를 하지 못해서 대화에 끼어들지 못하는 것이다.

귀금속이나 골동품을 취급하는 상인들은 물건을 구입할 때 검은 안경을 착용한다. 이것은 상대가 자신의 눈빛에 나타나는 속마음을 눈치 채지 못하게 하기 위한 것이다. 이 또한 신비주의 전략의 일종이라고 할 수 있다.

5. 허장성세

'허자성세'는 자신의 모습을 실제보다 훨씬 과장되게 꾸며, 상대의 기를 죽이는 방법이다. 임진왜란 때 진주목사 김시민은 노약자와 여자들뿐만 아니라, 허수아비에게도 군복을 입혀 성벽에 세워둠으로써 왜군에게 아군의 숫자가 많다는 것을 과시했다. 이순신 장군은 명량해전에서 조선군 전함 뒤에 민간 선박들을 배치하여 조선군 전함의 숫자가 많은 것처럼 보이게 했다. 진주목사 김시민과 이순신 장군의 허장성세 전략은 보기 좋게 통했다.

그러나 근래에 들어 허장성세는 과거만큼 효과적이기 못하다. 그 이유는 인터넷과 레이더와 같은 첨단장비를 통해 상대의 실체를 어렵지 않게 파악할 수 있기 때문이다. 과거에는 누구나 명품을 입고, 고급승용차를 굴리면 유명인사 행세를 할 수 있었다. 그러나 근래에는 인터넷을 통해 누구나 유명 인사의 신상을 쉽게 알 수 있기에 이런 허장성세는 더 이상 쉽게 통하지 않는다.

3장

| 전략기획 |

- 전략기획이란 무엇인가?
- 전략기획의 효과
- 전략기획에서 정보와 미래예측의 중요성
- 전략도출 방법
- 전략선택 방법
- 전략기획의 내용구성
- 전략기획 방법

3장 | 전략기획

■ 전략기획이란 무엇인가?

전략기획(*Strategic Planning*)는 일상적인 계획(*Plan*)보다 훨씬 높은 단계의 계획이다. 계획은 대체로 자신 위주로 짜이지만, 전략기획은 미래상황과 적의 전략 예측을 감안하면서 짜이기 때문이다.

따라서 "전략기획을 짤 때에는 신(神)과의 머리싸움이라 생각하고 신중하고, 겸손해야 한다." 미래상황이 어떻게 바뀔지 모르고, 적이 기상천외한 전략으로 나를 패배의 나락으로 떨어뜨릴 수 있기 때문이다.

임진년에 조선을 침입한 왜가 이런 꼴을 당했다. 전국시대를 거치면서 왜의 장수와 병사들은 실전경험을 많이 쌓았다. 전쟁을 많이 치른 만큼 왜의 전략 수준은 당시로는 상당히 높은 편이었다.

그 당시에 가장 전형적인 전략은 돌격대가 먼저 적의 선봉을 제압하고, 적의 전열이 흐트러지면 병사들을 출동시켜 제압하는 방식이었다. 해전에서는 돌격선이 먼저 적의 선봉을 깨뜨리고 주력 함대의 병사들이 적의 배위에 올라가 싸움을 벌이는 식이었다. 이 때 적의 대장선이 주 타깃이 되며, 대장선이 포획되거나 도망을 치면 승패가 판가름 났다. 4만의 병사를 가진 알렉산더 대왕이 7만5천의 병력을 출정시킨 페르시아와의 전투에서 자신의 병사들을 페르시아 황제 다리우스 3세에게 집중시켜 승리했듯이 말이다.

이순신 장군은 이미 왜군의 전략을 너무나 잘 알고 있었다. 그도 사실은 왜군과 똑같은 전략을 사용하기 위해 거북선을 만들었다. 거북선이 바로 조선수군의 돌격선이었던 것이다. 실제루 한산대첩에서 거북선은 돌격선의 역할을 충실히 해냈다.

그러나 이순신 장군은 기존 전략에 만족하지 않았다. 즉 왜군이 상상하지도 못한 '신개념의 전략'을 들고 나왔던 것이다. 당시로서는 왜에게 '신의 전략'에 버금가는 전략이었을 것이다. 그것은 함포사격 하나만으로 적을 완전히 제압하는 전략이다. 화포와 화약에서 앞서고, 화포 발포에 적합한 판옥선을 만들어 왜군의 배들이 판옥선에 접근하기도 전에 침몰시켰기 때문이다.

전략기획은 다음과 같은 특징을 가지고 있다.

1. 전략기획은 항상 적의 의중을 염두에 둔다

전략기획은 상대를 물리치는 것이 목표이기 때문에 자신보다 적의 의중을 중심에 둔다. 즉 전략기획은 '지피지기 백전백승(知

彼知己 百戰百勝)'의 교훈에 근거하는 것이다. 그래서 나의 생각과 행동 위주로 짜이는 계획(*Plan*)과는 크게 다르다.

회사에서 상품을 팔 때 회사 입장에서 판매계획을 세우면 그 상품을 많이 팔기 어렵다. 소비자가 사지 않으면 그만이기 때문이다. 소비자는 결코 판매자의 의도대로 움직여 주지 않는다.

상품을 팔려면 소비자가 그 상품을 구입하지 않을 수 없도록 전략을 수립해야 한다. 이런 전략의 중심에는 회사의 의도보다는 소비자의 욕구가 자리 잡고 있어야 한다.

이순신 장군은 왜군의 침략을 염두에 두고 거북선을 만들었다. 왜군은 사무라이의 후손이라서 그런지 조선군보다 칼싸움에 능했다. 그래서 배 위에서 벌어지는 백병전에서는 조선군이 절대 불리했다.[10] 따라서 어떻게 해서든지 왜군이 조선수군의 배에 오르지 못하게 해야 했다.

이 문제를 해결하기 위해 이순신 장군은 일반 전함에 뚜껑을 씌운 거북선을 만들었다. 그리고 뚜껑위에 날카로운 쇠못을 박아 놓았다. 거북선이 왜군과의 해전에서 맹활약할 수 있었던 이유는 바로 이순신 장군의 적의 의중을 우선시하는 전략기획 덕분이었다.

2. 전략기획은 상황이라는 변수를 이용한다

'상황'이라는 변수는 대체로 이용하는 자에게 유리하게 작용한다. 그러므로 전략기획을 짤 때에는 상황을 정확히 예측하고, 적절히 이용해야 한다.

이순신 장군이 삼도수군통제사로 복귀했을 때 그에게는 12척의 전함밖에 없었다. 그가 만약 몇 척 안 되는 배를 가지고 수 백 척의 전함을 보유한 왜군과 정면대결을 펼쳤다면 백전백패했을 것이다.

그래서 그는 '상황'이라는 요소를 승부에 개입시켰다. 그것은 바로 암초가 많고 폭이 좁은 울돌목에서 싸우는 것이었다. 왜군은 배가 많았지만, 폭이 좁은 울돌목에서는 그 이점을 살릴 수 없었다. 한꺼번에 다 덤벼들 수가 없었기 때문이다. 그는 20여척씩 종렬로 공격해오는 왜군의 배를 함포로 격파시켜 승리할 수 있었다.

석벽대전에서도 '상황'이라는 요소가 승부를 갈랐다. 병사가 20만 명인 오나라와 초나라 연합군이 병사가 100만 명인 위나라군과 백병전을 벌였다면 결과는 불을 보듯 뻔했을 것이다.

오초연합군은 '동남풍'이라는 상황적 변수를 이용하였다. 즉 동남풍이 부는 시점에 화공을 사용하여 위나라의 배들을 불태워버림으로써 승리를 쟁취할 수 있었다.

3. 전략기획은 먼 미래까지 염두에 둔다

크게 성공한 사람일수록 장기 계획을 세우고, 이것을 빈틈없이 실천했다. 위에서 언급했듯이 '승리'는 제곱의 효과가 있다. 따라서 장기간 반복적으로 '승리'한 사람은 크게 성공할 수밖에 없다.

우리 사회에서 경제적으로 크게 성공한 재벌총수들은 상당히 먼 미래를 염두에 두고 일을 진행시켰다. 삼성 이건희 회장의 언행에는 '10년'이라는 말이 자주 포함된다. 그는 "10년 후에 무엇을 먹고 살지를 걱정해야 한다."고 말했다. 또한 "10년 안에 삼성의 사업이 모두 사라져 버린다는 위기의식을 공유하고 도전의 발걸음을 멈추지 않았다."는 말도 했다.

4. 전략기획에는 대체로 서로 연관된 복수의 전략이 포함된다

상대와의 머리싸움인 전략기획은 거의 예외 없이 복수의 전략을 포함하고 있다. 왜냐하면 상대보다 더 많은 전략을 써야 승리할 가능성이 높기 때문이다.

앞에서 한번 언급했지만 중국공산당의 원조인 모택동이 적의 1/10 밖에 안 되는 군사를 가지고 적을 물리칠 수 있었던 이유는 간단하면서도 명료한 복수의 상시 전략을 만들어 부대원들에게 숙지시켰기 때문이다.

그가 부대원들에게 주입시킨 전략은 "적이 진격해오면 물러나고(敵進我退), 적이 머물면 교란하고(適住我攪), 적이 지치면 때리고(敵疲我打), 적이 도망가면 쫓는다(敵退我追)."였는데, 이것은 매우 성공적이었다.

복수의 전략이 구사될 때 그 전략들이 서로 연관되어 있으면 더 효과적이다. 전략들은 상호 보완적이어야 효과적이기 때문이다.

선거운동을 할 때 문자메시지, 카카오톡, 전화홍보, 선거운동원의 지지호소, 후보의 유권자접촉 전략이 상호 보완적일 때 가장 효과적이다. 상호 보완적인 전략은 '반복의 효과'가 있기에 그 결과가 탁월하다. 우리 속담에 "열 번 찍어 안 넘어가는 나무 없다."

는 말이 있는데 이것이 바로 보완의 효과 때문이다.

홍보 내용도 유사해야 한다. 선거에 출마한 후보가 유권자들에게 정책관련 문자메시지를 보냈다가, 같은 날 동일한 유권자에게 상대 후보를 비방하는 내용의 카카오톡을 보내면 그 유권자들은 서로 연관되지 않은 두 개의 내용 모두를 쉽게 기억하지 못할 것이다.

관습적 로직을 사용하면 효과적이다. 이미 사람들의 사고 속에 내재되어 있는 로직을 관습적 로직이라고 한다. 즉 "교수아들이 공부를 잘 할 것이다."라고 추론하는 것이 바로 관습적 로직의 하나이다. 아버지가 공부를 잘해서 교수가 되었기에, 아들도 공부를 잘 할 것이라고 추론하는 것은 당연한 것이다.

5. 전략기획은 서전의 승리를 중요시 한다

전략기획은 최소의 투자로 완벽한 승리를 노린다. 그래서 양질의 전략기획은 서전에서의 승리를 중요시 한다. 그 이유는 서전의 승리는 연계되는 승부에 커다란 영향을 미치기 때문이다.

명량대첩에서 이순신 장군은 서전 승리효과를 충분히 활용했다. 이 해전에서 조선수군의 13척과 왜군의 130여척의 전함이 마주쳤다. 이 해전은 고작 3-4시간에 걸친 전투였기에 하나의 전투라고 볼 수 있지만, 이런 전투에서도 이순신 장군은 서전 승리효과를 충분히 활용했다.

울돌목은 수로가 좁은 해안가이고, 암초가 많아 왜군은 종렬로 통과해야만 했다. 그래서 전함의 숫자에서 왜군은 조선군보다 10

배 이상이었지만 20여척만이 전위에 나설 수 있었다. 이 때 13척의 조선군 전함 중 이순신 장군이 탄 기함 한척만이 나서서 화포로 왜군의 선봉대를 무너뜨렸다. 이것을 본 조선수군은 사기가 올랐고, 반대로 왜군은 기가 질릴 수밖에 없었다. 이만큼 모든 전투나 경쟁에서 서전에서의 승리는 매우 중요하다.

■ 전략기획의 효과

1. 전략기획은 싸우기도 전에 승패를 결정한다[11)]

손자는 "전쟁에서 승리하는 군대는 이겨놓고 싸운다."라는 말을 했다. 이것은 치밀한 전략기획을 세우는 등 철저히 준비한 군대는 항상 승리한다는 것을 의미한다. 이들에게 싸움은 단지 승리를 확인하기 위한 과정일 뿐이다.

임진왜란 때 왜군은 '수륙병진' 전략과 조총 등을 준비하는 등 전략기획을 충분히 하고 우리나라를 침략했다. 한편 무방비 상태에 있던 조선군은 육지에서 연전연패를 당했다. 이것이 바로 전략기획의 효과이다.

그러나 왜군은 그들의 전략기획보다 훨씬 더 장기적이고 철두철미한 전략기획을 세워놓고 기다리고 있던 이순신 장군 때문에 위기에 봉착했다. 왜의 전략기획은 기존의 병력과 장비를 잘 활용하는 수준이었다. 그러나 이순신 장군은 거북선 같은 첨단무기까지 포함된 그 당시로서는 누구도 상상하지 못한 최고의 전략기획을 세워놓고 기다리고 있었던 것이다. 이런 전략기획이 있었기에 23전 23승이 가능했다.

2. 전략기획은 우리 측의 희생을 최소화 한다

경쟁에서 승리했더라도 우리 편의 희생이 크면 결코 이겼다고 할 수 없다. 이로 인해 또 다른 적의 공격 대상이 될 수 있기 때문이다. 우수한 전략기획은 승리와 동시에 최소한의 희생을 가능하게 한다.

이순신 장군은 전략기획을 세울 때 아군의 희생을 최소화시키는데 초점을 맞추었다. 그래서 근접전은 가급적 피했다. 불가피할 때만 용맹으로 승리를 쟁취했는데, 이때에도 철두철미하게 준비하여 희생을 최소화했다.

이순신 장군의 전략기획을 조금 더 구체적으로 설명하면 다음과 같다. 첫째 최무선 등이 왜군보다 먼저 화포와 화약을 발명하고 개발했기에 화포와 화약의 위력에서 조선수군이 왜군을 압도하고 있다는 점을 최대한 활용했다. 이순신 장군의 전략은 왜군의 조총 유효 사거리 밖에서 화포를 쏴대는 것이었다. 왜군의 전함들은 유효사거리가 백 미터이내인 조총을 제대로 쏴보지도 못하고, 조선군의 화포 공격에 침몰 당했다.

둘째 어쩔 수 없이 근접전을 벌여야하는 경우에 왜군이 조선군함에 오르지 못하게 했다. 왜군은 사무라이의 후손이라서 그런지 조선군보다 칼싸움에 능했다. 배 위에서 벌어지는 백병전에서는 조선군이 절대 불리했다.

이순신 장군은 백병전이 용이하지 않도록 왜군의 조그마한 배들보다 크고, 강한 배를 만들어 왜군의 배를 부딪쳐 깨뜨렸다. 그리고 왜군이 거북선에 올라오지 못하도록 거북선 위에 날카로운 못을 심어 놓았다. 이순신 장군은 그야말로 심혈을 기울여 왜군의 침공에 대비했던 것이다.

이리하여 임진왜란 발발 직후에 옥포, 합포, 적진포에서 왜군과 세 차례 전투를 치렀는데, 조선수군의 희생은 정병 이선지가 팔에 화살을 맞아 경미한 상처를 입은 것이 전부였다. 반면 왜군의 배는 옥포에서 26척, 합포에서 5척, 적진포에서 13척이 격침되었다.

■ 전략기획에서 정보와 미래예측의 중요성

1. 정보의 중요성

척후병은 공격을 하기 전에 적의 동향을 탐지하기 위해 본대보다 앞서서 적에게 접근하는 병사를 말한다. 경계병은 적의 공격을 가능한 빨리 알아내 본대에 알리는 병사를 말한다.

전쟁을 업으로 삼고, 최고의 목표가 '전쟁에서의 승리'인 군대가 척후병과 경계병을 그토록 중요하게 생각하는 이유는 극히 단순하다. 조금이라도 빨리 적의 동향에 대한 정보를 입수하는 것이 싸움의 결과에 지대한 영향을 미치기 때문이다.

승리하는 전략은 정확한 정보에 근거한다. 그래서 일부 전략가들은 '정보가 곧 전략'이라고까지 말한다. 전략기획에서 정보는 그만큼 중요한 것이다.

하는 일마다 실패하면서 인생을 어렵게 사는 사람들은 대부분 '정보 푸어(*Poor*)들'이다. 부족한 정보를 가지고 전략을 세우니 계속 실패하고, 그러다 보니 평생 고달픈 삶을 사는 것이다.

흔히 전략에 대한 지식만 있으면 전략을 잘 구사할 것이라고 생각한다. 그러나 이것은 옳은 생각이 아니다.

정확한 정보 없이 전략적 지식만 가지고 있으면 상대의 공략을 방어하는 데만 도움이 된다. 전략적 지식은 상대의 의도를 파악하는데 큰 도움이 되기 때문이다.

그러나 전략적 지식만 가지고 전략을 구사하는 데는 한계가 있다. 정보가 바로 어떤 전략을 구사할 지에 대한 가이드 역할을 하기 때문이다. "정확한 정보 없이 뛰어난 전략을 구사하기 어렵다."

이렇게 정보가 중요하기 때문에 모든 국가들은 정보부와 같은 정보획득을 목적으로 하는 국가기관을 두고, 특별히 관리하고 있다. 우리나라에는 박정희 정권 초기에 만들어진 대통령 직속 중앙정보부가 수많은 만행을 저질렀음에도 불구하고 아직도 국정원이라는 이름으로 존속하고 있다. 미국에도 CIA가 대통령 직속기구로 존속하고 있으며, 모든 국가들이 유사한 기관을 가지고 있다.

이런 정보기관들은 예산을 물 쓰듯 쓰고 있다. 그러나 이에 대한 감사는 비공개로 행해지고 있으며, 견제장치도 거의 없다. 이것은 그 만큼 정부가 정보를 중요하게 인식하기 때문에 나타나는 현상이다.

신(神)의 전략을 구사한다는 이순신 장군이 왜군에게 매번 승리할 수 있었던 핵심적인 이유 중의 하나가 바로 그가 왜군보다 당면한 전투에 관한 정보를 더 많이 가지고 있었기 때문이다.

이순신 장군은 전쟁터가 우리나라였기 때문에 지형지세에 밝았고, 왜군의 움직임에 대한 정보를 가능한 많이 수집하기 위해서 전함 수와 비슷한 수의 탐망선(정보수집선)을 운영하였다.[12] 명량해전 직전에는 자신이 직접 탐망선을 타고 정보를 수집했을 정도였다. 그만큼 이순신 장군은 정확한 정보를 얻기 위해 최선을 다했다.

이렇게 평소에 정보를 얻기 위해 최선을 다한 이순신 장군이었지만 정작 전투를 코앞에 두고는 승리를 담보하는 결정적인 추가 정보가 확보되기 전까지 부대를 움직이지 않았다. 이는 왜군을 상대로 한 이순신 장군의 대표적인 두 번의 승전에서 드러났다.

임진왜란 3대 대첩중의 하나인 한산대첩과 13척의 전함으로 130여척의 전함을 출격시킨 왜군을 물리친 명량대첩에서 보잘 것 없어 보이는 일반 백성이 전달한 단편적이지만 결정적 정보가 중요한 역할을 했다.

한산대첩은 김천손이라는 목동이 알려준 정보가 그 시발점이었다. 김천손은 미륵산 봉수대에 올라갔다가 왜군 선박 70여척이 견내량에 정박 중인 것을 목격했고 이를 신속히 당포에 대기하고 있던 이순신 함대에 알렸다.13)

이 정보에 근거하여 이순신 장군은 왜군을 한산섬 앞바다로 유인하여 궤멸시켰다. 왜군의 배 47척이 파괴되었지만, 조선수군의 배는 단 한척도 유실되지 않은 대승이었다.

김천손이 전해 준 정보는 이순신 장군에게 전략의 방향을 정확히 알려주었다. 즉 조선수군은 왜군의 규모, 배의 숫자와 크기 등에 대해 사전에 상당히 정확히 알고 있었으니, 당연한 일이다. 반면 왜군은 조선수군의 규모를 전혀 알지 못했으며, 누가 지휘하는지도 모르고 있었다.

이런 상황에서 이순신 장군이 견내량에 있던 왜군을 한산도 앞바다로 유인하기 위해 전선 몇 척을 보내 공격을 가하자, 왜군은 배 몇 척이 조선수군의 전부인줄 알고 전 병력을 동원해 뒤쫓아 왔다가 한산도 앞바다에서 기다리고 있던 조선수군에 의해 대패를 당했던 것이다.

과연 김천손이 준 정보가 없었다면 이순신 장군이 왜군을 그렇게 손쉽게 대파할 수 있었을까? 그렇지 않았을 것이다. 이 사실이 알려져 지금도 이순신 장군의 한산대첩에 매우 중요한 단초를 제공한 숨은 영웅 김천손의 정신을 기리는 미륵산 등반축제가 개최될 정도이다.

명량해전에서도 단편적인 정보가 조선수군 승리에 지대한 공헌을 했다. 파직되었다가 복직된 이순신 장군이 왜군의 주력을 궤멸시키는 방법에 대해 고심하고 있을 때, 왜군에 포로로 잡혀 있다가 탈출한 김중걸이라는 이름을 가진 백성이 이순신 장군에게 귀중한 정보 하나를 전달했다. 그것은 "왜군이 조선수군을 궤멸시킨 후에, 한강으로 진출하려 한다."는 것이었다.

이 정보는 이순신 장군에게 확실한 전략의 지침을 주었다. 첫 번째 왜군은 조선수군의 전함을 어떻게 해서든지 찾아 궤멸시키려고 한다는 사실이다. 이것은 왜군이 이순신 장군의 부대를 몰살시키기 위해 이순신 장군의 전함이 있는 곳으로 찾아온다는 것을 의미한다.

왜군이 이런 계획을 세운 이유는 명료했다. 이순신 장군의 전함들을 궤멸시키지 않고, 서해안을 통해 한강으로 들어갔다가 혹시 후방에서 조선수군으로부터 공격당할 것을 우려했던 것이다.

두 번째는 왜군이 이순신 장군의 함대를 몰살시키기 위해 대규모 선단을 동원할 것이라는 사실이었다. 조선수군이 몇 척의 전함밖에 가지고 있지 않다는 것을 어느 정도 눈치 채고 있던 왜군으로서는 대규모 선단을 동원하는 것이 가장 확실한 승리방법이었기 때문이다.

이순신 장군은 위의 두 가지 사실에 근거하여 왜군을 폭이 좁고 물결이 거친 울돌목으로 손쉽게 유인할 수 있었다. 그는 130척이 넘는 왜군 전함이 그 화력을 뽐낼 수 없는 곳에서 전투를 벌여 왜군에 대승을 거두었다.

반면 왜군은 조선 수군에 대한 정확한 정보가 없었기에 승리할 수도 있었던 명량해전에서 대패하고 말았다. 울돌목의 폭이 좁았기 때문에 왜군은 20여척의 배만을 전위에 내세울 수 있있다. 그래서 조선수군은 13척의 배로 여기까지는 왜군을 압도했다.

문제는 그 다음이었다. 조선수군은 시간이 갈수록 지쳐갔고, 왜군은 아직 전투에 투입되기를 기다리는 100여척의 전함을 가지고 있었다. 이런 상황을 사전에 예측하고 이순신 장군은 피난 가는 민간선박들을 조선수군의 뒤에 배치시켰으나, 왜군이 속아줄 지 확신하지 못하고 있었다.

만약 왜군이 조선수군 전함의 숫자에 대해 사전에 매우 정확한 정보를 가지고 있었다면, 그들은 뒤에서 기다리고 있던 지원부대를 투입했을 것이다. 이렇게 상황이 전개되었다면 조선수군은 결코 승리를 장담할 수 없었다.

그러나 왜군은 그 민간선박들을 조선수군의 전함이라고 생각했다. 그래서 퇴각을 결정했다. 이순신 장군에게는 진정 가슴조리는 순간이었을 것이다. 나중에 이순신 장군은 이것에 대해 '실로 다행스러운 일'이라고 토로했을 정도였다.

일제 강점기에 일본군은 동네 노인네들이 준 허위 정보를 믿었다가 청산리 전투에서 대패당했다. 일본군 대부대가 김좌진 장군부대를 추적하자, 김좌진 장군은 일단 후퇴했다. 병력이나 화력에서 일본군의 상대가 안 되었기 때문이다.

이 때 일본군이 지나친 동네의 조선 노인네들이 그들에게 "독립군은 무기도 제대로 갖추지 못한 채 사기가 떨어져 허둥지둥 도망갔다."고 말했다. 이 말을 곧이곧대로 믿은 일본군은 의기양양하게 청산리 계곡에 들어갔다가 매복하고 있던 독립군에게 2,000여명이나 희생당했다. 반면 독립군의 희생은 고작 몇 명이었다.

2. 미래 예측의 중요성

전략기획을 짜는 사람들은 미래에 나타날 현상을 족집게처럼은 아니지만 어느 정도까지는 예측하고 대책을 세워두어야 한다. 이렇게 하면 전략기획이 성공적으로 이행될 확률이 현저히 높아진다.

문제는 미래를 예측하는 일이 결코 쉬운 일이 아니라는 것이다. 그럼에도 인간은 '미래학'이라는 학문분야까지 만들어 미래에 벌어질 현상을 예측하려고 노력하고 있다.

먼 미래일수록 예측하기 더욱 어렵고, 미래 형성에 참여하는 사람의 숫자가 많을수록 예측은 더 어려워진다. 그렇지만 노력하면 어느 정도까지는 미래를 예측할 수 있다.

아래에서는 미래를 예측하는데 도움을 주는 십 여 개의 현상을 서술했다. 이 현상들은 과거에도 빈번히 나타났던 현상으로서, 미래에 유사한 환경이 도래하면 또 다시 나타날 확률이 매우 높은 현상들이다. 그러므로 전략기획자들은 이런 현상들을 인지하고 있다가 전략기획을 짤 때 활용해야 한다.

1) 사인곡선은 미래의 모습을 보여준다

미래를 예측하게 해주는 개념 중의 하나가 바로 사인곡선이다.

그 원리는 간단하다. 상승하면 반드시 그 다음에 하강국면이 오고, 하강하면 그 다음에는 상승국면이 온다는 것이다.

문제는 사람들이 이 간단한 원리조차 망각하고 산다는 점이다. 부동산 가격이 상승할 때, 그 추세가 지속될 줄 알고 부동산을 구입했다가 소위 '상투잡이'를 해 손실을 입는 것을 주위에서 어렵지 않게 볼 수 있다. 반대로 부동산 가격이 하락할 때에는 그 추세가 지속될 줄 알고, 기다리다가 매입 시기를 놓치는 것이 다반사이다. "산이 높으면 골이 깊다."라는 말이 있듯이, 높이 상승할수록 더 깊이 추락한다.

2) 사인곡선은 직선으로 움직이지 않는다

수학 교과서에 나오는 사인곡선은 거의 일직선으로 상승하거나, 하강한다. 그러나 현실에서 사인 곡선은 일직선으로 상승하거나 하락하지 않는다. 전반적인 상승 국면에서도 단기 상승과 단기 하강을 반복하면서 상승한다. 또한 전반적인 하강 국면에서도 똑같이 이 현상이 나타난다. 즉 주식의 추세곡선과 유사한 모습을 보인다.

큰 틀에서 볼 때 1950년 6월 25일에 발발한 한국전쟁에서 우리와 북한 중 누가 승리했다고 말할 수 없다. 하지만 그 과정을 보면 단기적 승패의 굴곡을 볼 수 있다.

북한의 기습남침으로 인해 우리가 낙동강 전선까지 밀린 시점까지는 우리가 패배했다고 볼 수 있다. 그러나 유엔군의 도움과 인천상륙작전을 통해 서울을 수복하고 북한군을 중국과의 접경까지 몰아낸 시점까지는 우리가 승리했다고 볼 수 있다.

그 후 중공군 참전으로 인해 우리가 3.8선 이남으로 다시 후퇴한 시점까지는 우리가 패배했다고 할 수 있다. 그 후에 다시 지금의 휴전선까지 밀고 올라간 시점까지는 우리가 승리했다고 볼 수 있다.

이와 같이 전반적 추세 내에 단기적 상승과 하강 곡선이 존재한다. 이것은 어떤 일을 하던지 간에 세분화 된 기간 각각에서 치러지는 승부에서 지속적으로 승리하거나 패배하는 경우는 드물다는 것을 의미한다.

이 현상은 승부를 벌이고 있는 각 개체가 주어진 상황에서 최선을 다하기 때문에 나타난다. 따라서 미래를 예측할 때에는 세분화된 기간 각각에서 상승과 하강이 나타난다는 점을 감안하면 전체적인 추세를 조금 더 정확히 예측하는데 도움이 된다.

3) 인위적 상승은 급격한 하강을 유발시킨다

인간이 인위적으로 상승시킨 것은 상승 동력이 소진되면, 급격히 하락한다. 주식에서 소위 작전세력이 올린 주가가 나중에 급전직하로 추락하는 것과 같은 현상이다.

김영삼 대통령 말기에 소위 'IMF 경제위기'라는 쓰나미가 우리나라를 덮쳤다. 경제위기 발생 직후에 정권을 이양 받은 김대중 대통령은 취임 초기부터 IMF 경제위기를 극복하기 위해 사력을 다해야만 했다. 김대중 대통령은 단기적으로 경제를 부흥시켜야 했기에 재임기간 중에 '벤처붐' 조성에 호의적이었고, 소비를 극대화시키기 위해 '신용카드 남발'을 허용했다.

이런 인위적인 처방에 의한 경제부흥은 부작용을 낳을 수밖에 없었는데, 이것은 차기 노무현 대통령 집권기간에 나타났다. 이로 인해 노무현 정부는 정권초기부터 심각한 경제문제에 시달려야 했다.

미국의 클린턴 대통령은 경제를 안정시키기 위해 금융기관들로 하여금 국민들에게 매우 후한 조건으로 주택담보대출을 해주도록 했다. 당시 그는 집값 대비 100% 담보대출까지 독려했었다. 후임인 부시 대통령도 자신의 재선(再選)에 도움이 되는 과도한 주택담보대출 정책을 지속시켰다.

그러나 부시정권 말기에 경제 불황이 닥치면서 집값이 하락하자, 주택담보 대출금을 갚지 못하는 가구가 속출했다. 이것이 소위 '서브프라임 위기'이다. 이것은 쓰나미가 되어 미국 기업들과 금융기관들을 초토화시켰는데, 이로 인해 미국경제의 영향권에 있는 우리나라를 비롯하여 세계경제가 홍역을 치러야만 했다.

'서브프라임 위기' 발생 직후에 취임한 민주당 오바마 대통령은 취임초기부터 곤혹을 치러야 했다. 그는 GM과 같은 미국의 초대형 기업들의 구조조정이나 도산을 바라보고만 있어야 했다.

4) 80대20의 법칙은 대부분의 경우에 적용된다

80대20의 법칙은 이탈리아 경제학자인 파레토가 제안한 법칙이다. 예를 들면 회사에서 80%의 실적을 20%의 직원이 올리며, 20%의 실직을 80%의 직원이 올린다는 것이다.

임진왜란 때 조선군의 구성을 보면 육군이 80%정도였고, 수군은 20%도 되지 않았다. 그렇지만 이순신 장군은 20%가 채 안 되는 수군으로 왜군격퇴의 80%이상을 담당했다. 삼성그룹은 70개 이상의 계열사를 가지고 있다. 그러나 삼성전자 한 회사가 삼성그룹 전체 매출의 80%이상을 감당하고 있다는 것은 널리 알려진 사실이다.

미래에 대한 정보가 충분치 않을 때에는 80대 20의 법칙을 적용하면 그런대로 정확하게 미래를 예측할 수 있다. 예를 들면 10년 후에 우리나라를 이끌고 갈 산업동력이 무엇인지를 예측하려면 다음과 같이 하면 된다. 우선 20%의 산업이 경제성장의 80%를 감당하고, 80%의 산업이 20%의 경제성장을 감당한다고 예측한다. 그리고 80%의 성장을 감당할 20%의 산업을 추정하면 그런대로 정확하게 10년 후 우리나라의 주요 산업동력을 찾아낼 수 있다.

5) 초기에는 다수가 경쟁하지만 결국에는 1위와 2위만이 남아 경쟁한다

자유경쟁사회에서 처음에는 다수가 경쟁을 벌인다. 그러나 시간이 경과하면서 3파전으로 바뀌고, 결국에는 1위와 2위만 살아남아 경쟁한다. 이 같은 이유 때문에 삼성의 이건희 회장은 "삼성의 앞날은 1등 제품이 얼마나 되느냐가 결정할 것이다."라고 말했다.

그러므로 마지막까지 살아남으려면 가급적 빨리 1위를 쟁취해야 하고, 적어도 2위 이내로 진입해야 한다. 그리고 초기 단계에서 이를 위한 전략을 수립하고 실행에 옮겨야 한다. 일단 3위 이하로 쳐지면 극복하기 매우 어려워진다.

2012년 대통령 선거에 새누리당과 민주통합당 후보를 포함하여 모두 10명의 후보가 출마했다. 그러나 각 당의 경선과정을 거치면서 새누리당 박근혜 후보, 민주통합당 문재인 후보, 무소속 안철수 후보 3명만이 남았다. 그리고 선거일이 얼마 남지 않은 시점에 안철수 후보가 사퇴하면서 새누리당 박근혜 후보와 민주통합당 문재인 후보 2파전으로 바뀐 후 박근혜 후보가 당선되었다.

이 현상은 어디서나 쉽게 찾을 수 있다. 우리나라 삼국시대를 보자. 고구려, 백제, 신라는 주위의 가야, 부여 등을 합병하여 삼국시대를 열었다. 그리고 신라와 당이 연합하여 백제를 멸망시킨 후, 고구려까지 멸망시키면서 신라가 3국을 통일했다.

이 현상은 비즈니스 현장에서도 쉽게 볼 수 있다. 국민들이 애용하는 인터넷 검색사이트를 보자. 처음에는 네이버, 다음, 네이트, 야후 등 다수의 업체가 경쟁을 했다. 그러나 점차 네이버, 다음, 네이트 3개 업체가 점유율의 95%이상을 차지하더니, 지금은 네이버가 70%이상을 차지하여 사실상 시장을 독점하다시피하고 있다. 다음이 20%내외의 점유율을 보이고 있으며, 다른 업체들은 이미 망했거나, 거의 고사 상태에 있다.

6) 1위는 웬만하면 시간이 흐를수록 더 강해진다

1위는 그것이 기업이던 선거에 출마한 후보이던 간에 웬만하면 시간이 지날수록 더욱더 강해진다. 이것은 편승효과(*Bandwagon Effect*) 때문이다.

선거에서 지지도가 3위 이하인 후보 지지자들은 자신이 지지하는 후보가 당선될 가능성이 없다고 생각한다. 이 경우에 그들의 상당수는 투표를 포기하거나 당선될 확률이 높은 후보를 지지하기로 마음먹는다. 이들이 1위 후보 지지대열에 동참으로써, 1위 후보의 지지도는 점차 상승한다. 이 현상은 1위와 2위 후보 사이의 지지도 차이가 클수록 심하게 나타난다.

3위 이하 후보 지지자들이 1위 후보를 지지하는 현상이 나타나는 이유는 '소외된 유권자(*Alienated Voter*)'가 되는 것을 원치 않기 때문이다. 사람들은 대다수 군중과 의견을 같이 할 때 심리적 안정을 찾는다. 3위 이하 후보 지지자들은 1위 후보에게 다소 문제가 있더라도 그를 지지함으로써 심리적 안정을 찾으려고 한다.

7) 1위는 더 많은 관심을 받는다

그것이 무엇이던 간에 각 분야에서 1위를 달리고 있으면 2위 이하보다 더 많은 관심을 받는다. 그래서 선거에서 1위를 달리는 후보는 다른 후보들 보다 훨씬 수월하게 자신을 알릴 수 있다.

2012년 새누리당 대통령 후보 경선이 한참 진행 중일 때의 일이다. 전직 아나운서가 호기심에서 일주일간 KBS, MBC, SBS 뉴스를 대상으로 각 후보의 방송시간을 조사해 봤다.

당시 경선에서 압도적인 1위를 달리고 있던 박근혜 후보의 유세 장면이 각 방송에서 매번 첫 번째로 방영되었다. 뿐만 아니라 방송시간이 그의 경쟁자였던 김문수 후보, 김태호 후보, 임태희 후보, 안상수 후보 보다 길었다.

이 현상은 두 가지 효과를 야기 시킨다. 첫째 박근혜 후보가 반복적으로 첫 번째로 방영되는 것에 익숙해진 유권자들은 자신도 모르게 박근혜 후보가 부동의 1위라고 마음속에 각인한다. 그래서 지지할 후보를 정하지 못한 유권자들은 웬만하면 1위인 박근혜 후보를 지지하게 된다. 박근혜 후보는 방송덕택에 그야말로 공짜로 지지를 얻었는데 이것이 소위 '편승효과'이다.

둘째 다른 후보들보다 방영시간이 긴 박근혜 후보는 당연히 홍보효과가 높다. 홍보효과가 높으니 지지도가 상승하는 것은 당연한 일이다.

8) 1위는 다른 경쟁자들의 집중적인 공격을 받는다

1위는 2위 이하 모든 경쟁자들의 집중적인 견제를 받는다. 이런 현상이 나타나는 이유는 2위 이하 모든 경쟁자들은 자신의 주요 경쟁자가 1위라고 생각하기 때문이다. 특히 한사람만이 당선되는 선거에서 이 현상은 더욱 뚜렷이 나타난다.

2012년 대선을 앞두고 열린 새누리당 대선후보 경선 광주·전남·전북 합동연설회에서 비박주자 4인(박근혜 후보를 제외한 새누리당 후보들인 김문수, 김태호, 안상수, 임태희 후보)은 지지도에서 압도적 1위였던 박근혜 후보에게 엄청난 공격을 퍼부었다. 4인은 약속이나 한 것처럼 똘똘 뭉쳐 1위인 박근혜 후보를 공격했던 것이다.

이들은 박근혜 후보를 '소통이 안 되는 불통령 후보', 아버지 박정희 대통령이 일으킨 5.16사태에 대해 '그릇된 역사인식을 가진 정치인', 그 당시 가장 강력한 도전자였던 '안철수 후보 책 한권에 흔들리는 후보'라고 하면서 몰아붙였다.

박근혜 후보는 그야말로 같은 당 후보들로부터 뼈아픈 부분을 여과 없이 공격당했다. 국민들은 이런 현상을 보고 다소 의아해 할 수 있다. 그러나 정치권 특히 정치컨설턴트들은 이러한 현상이 나타날 것이라고 어느 정도 예측하고 있었다. 과거에도 이런 현상이 반복해서 나타났었기 때문이다.

이와 같이 대통령 선거 당내경선에서 1위 후보가 2위 이하 후보들로 부터 집중공격 정도가 아니라, 집단테러에 가까운 네거티브 공략을 당하는 이유는 다음과 같다. 유권자들은 1위 후보의 일거수일투족에만 관심을 보이고, 2위 이하 후보들에게는 큰 관심을 보이지 않는다. 방송과 신문 등 대중매체도 1위 후보의 활동에 대해서는 길게 보도하는 반면, 나머지 후보들에 대해서는 지나치다시피 한다. 이런 상황이므로 2위 이하 후보들은 1위 후보를 공격하여 그의 지지도를 떨어뜨리는 동시에, 자신에 대한 유권자들의 관심을 높이려고 한다.

한편 1위 후보에게 방어 수단은 거의 없다. 박근혜 후보는 "청년들은 일자리가 없어 불안하고, 노동자들은 등이 휘어져라 일해도 노후가 불안하다. 어딜 가나 모두들 어렵다고들 하는데, 우리 정치는 이런 국민의 삶은 제쳐놓고 과거와 싸우고, 비방과 네거티브 하느라 바쁘다."고 하면서 반박했다. 그러나 이 정도의 방어로는 결코 다른 후보들의 공격의지를 꺾지 못한다.

9) 고래싸움에 새우등 터진다

상위 경쟁자들 사이의 치열한 경쟁은 그들 사이의 경쟁으로만 끝나지 않는다. 이것은 반드시 하위 경쟁자들에게 치명적인 상처를 입힌다.

2008년 이래로 몇 년 동안 대선후보 지지도에서 1위를 달리던 박근혜 한나라당 전 대표가 2010년 지방선거 이후에 혜성같이 등장한 안철수 교수에게 한 때 1위 자리를 빼앗겼다.

그러자 모든 언론은 2012년 대통령 선거를 '박근혜 대 안철수'의 싸움으로 몰아가기 시작했다. 이 시점부터 선거의 관전 포인트는 상전벽해가 되었다.

이전까지 한나라당에서는 박근혜 후보와 더불어 도전자들인 김문수 경기도지사, 이재오 의원, 오세훈 전 서울시장 등이 거론되었었다. 그러나 안철수 교수 등장 이후에 이들은 더 이상 거론조차 되지 않았다.

민주당에서도 이 현상이 나타났다. 안철수 교수의 등장 전에는 지지도에서 앞서가던 문재인 전 대통령 비서실장의 도전자로 손학규 전 경기도 지사, 정동영 전 대통령 후보, 정세균 전 민주당 대표 등이 언급됐었다. 그러나 안철수 교수가 등장한 이후에 이들 또한 완전히 언론의 관심권 밖으로 밀려났다.

이 같은 현상은 우리가 물건을 고를 때도 1위나 2위기업의 물건에만 우선 관심을 보이듯이, 선거에서도 1위나 2위 외에는 유권자들의 관심을 얻지 못하기 때문에 나타난다. 더구나 1위와 2위가 치열한 접전을 벌일 때에는 대중매체가 이것을 집중 조명하기 때문에 3위 이하는 더 이상 관심을 받지 못한다. 여론을 선도하는 대중매체가 이러니 국민들도 덩달아 3위 이하에게 관심을 갖지 않는 것은 당연하다.

안철수 교수가 등장하기 전에는 1위는 박근혜 전 한나라당 대표였고, 나머지 후보들은 모두 지지도에서 박근혜 후보에 한참 처지는 2위 후보들이었다. 이들 사이의 지지도 차이가 크지 않아 확실한 2위가 없었다. 그래서 당시에는 모든 후보가 어느 정도 관심을 받았다. 그러나 확실한 2위이며, 일부 여론조사에서는 1위로 나오는 안철수 교수의 등장과 함께 나머지 후보들은 '고래싸움에 새우등 터지듯이' 대중매체와 국민의 관심권 밖으로 밀려났다.

10) 성공은 모방을 부른다

"1위가 되기보다 1위를 지키기가 더 어렵다."는 말이 있다. 그만큼 1위는 도전을 많이 받는다. 그러면 왜 1위 자리를 지키는 것이 어려울까? 그것은 후발주자들의 '모방' 때문이다.

그러므로 1위가 된 순간 자신을 모방하려는 후발주자들의 등장을 예상해야 한다. 후발주자들로서는 이미 뒤쳐져 있기에 새롭게 뭔가를 해서 1위가 되기는 어렵다. 그러므로 자연스럽게 이미 성공한 1위를 모방해 쉽게 따라잡으려 하는 것은 당연지사다.

1900년대 초에 코카콜라는 미국에서 가장 선풍적인 인기를 끈 상품이 되었다. 그러자 수많은 유사제품들이 등장했다. 이들은 맛뿐만 아니라 상표도 코카콜라와 비슷했다. 1916년 한 해에만 1백

53개의 코카콜라 모방업체가 법정에 의해 폐쇄 명령을 받았다. 이들의 이름을 보면 피그콜라, 캔디콜라, 콜드콜라, 코카놀라 등이다.[14)]

그러므로 1위가 된 다음에는 반드시 모방하는 후발주자들의 도전을 따돌릴 수 있는 대책을 세워야 한다. 그 대책은 바로 끊임없이 자신을 개혁하는 것이다. 즉 1위 기업의 경우 1등이 된 자신의 제품에 도전하는 제품을 스스로가 만든다는 생각으로 신제품을 개발하여 후발주자들과의 차이를 극대화시켜야 한다.

11) 강을 건널 때 적이 도발한다[15)]

병법에 "적이 강을 반쯤 건넜을 때 치라."는 말이 있다. 이것은 상대의 대오가 흐트러진 상태, 즉 강을 반쯤 건넌 상태여서 계속 건너기도 어렵고, 되돌아가기도 어려운 혼돈의 상태에 있는 적을 공격하면 효과적으로 적을 물리칠 수 있다는 말이다.

이런 혼돈 상태가 정권초기에는 거의 예외 없이 발생한다. 신임 대통령이 취임하면서 권력의 핵심인 청와대 요직과 장차관 등 고위직은 완전히 새로운 인물들로 바뀌지만, 나머지 정부조직은 상당 기간 동안 지난 정부에 의해 임명된 공무원들에 의해 운영된다.

그러므로 정부 내부의 의사소통이 잘되지 않아, 정책이 제대로 이행되지 않고 사회는 쉽게 혼돈 속에 빠져든다. 이런 상태에서는 대통령의 리더십이 약화되는데, 이 때 내외부의 세력들은 새 정부에 도전을 한다.

이 현상은 약소국일수록 더욱 더 심하게 그리고 빈번히 나타난다. 정권초기일지라도 강대국에게 도전하기란 쉽지 않을 뿐더러, 나중에 보복을 당할 수 도 있기 때문이다. 그러나 약소국에 도전하는 것은 성공할 가능성이 높고, 나중에 보복을 당할 염려도 별로 없기 때문이다.

우리나라는 역사적으로 약소국이었다. 그래서 그런지 고대로부터 현대에 이르기까지 국왕이나 정권이 바뀔 때마다 외세의 침입이나 간섭이 빈번했다. 박근혜 대통령의 집권 직후에 북한은 미국뿐만 아니라 그들과 우호적인 중국의 필사적인 만류에도 불구하고 '3차 핵실험'을 단행했다. 이는 명백히 박근혜 정부가 불안정할 때에 흔들겠다는 의도였다.

그러나 강대국이라고 해서 내외부의 도전을 받지 않는 것은 결코 아니다. 2009년 미국 부시 대통령의 임기가 끝나고 오바마 대통령이 취임하자, 북한은 기다렸다는 듯이 미사일 발사 등을 운운하면서 한반도 긴장상태를 의도적으로 고조시켰다. 오바마 대통령 취임식 직전에는 인민군 총참모부 대변인이 군복을 입고 TV에 나와 "남북간 전면대결상태 진입"이라는 공갈협박을 서슴지 않고 떠들어 대기까지 했다.

외교 분야 전문가들은 이것은 북한이 새로 집권한 오바마 정부를 시험하고, 이를 통하여 반사이익을 얻기 위한 것이라고 말했다.

또한 북한은 '2012년 강성대국론'을 제기했다. 북한이 2012년에 강국이 되겠다고 선언한 이유는 무엇일까? 2012년은 우리나라와 미국에서 대통령 선거가 실시되고, 중국 지도자의 세대교체가 단행되는 시점이기 때문일 것이다.

우리나라, 미국, 중국, 일본, 러시아 등 주변 국가들은 6자회담을 통해 의사소통을 하면서 북한을 견제해왔다. 그런데 2012년에는 이런 의사소통이 상당히 어려운 시기였다.

우리나라와 미국에서 대통령 선거가 실시되기 때문에 두 국가 모두 북한문제에 집중하기 어렵다. 거기에다 중국의 지도부까지 바뀌면, 6자회담의 중추국인 우리나라, 미국, 중국 간의 공조는 거의 실종상태에 빠진다. 북한은 이런 몇 십 년에 한번 오는 기회를 십분 활용하겠다는 야욕을 드러냈던 것이다.

새 정부에 대한 도전은 외부에서만 오는 것이 아니다. 내부 세력들도 예외없이 새 정부에 도전을 한다. 2003년 2월 25일에 취임한 노무현 대통령은 취임한지 1년이 채 안 된 시점인 2004년 초에 야당인 한나라당과 민주당이 합심하여 추진한 '대통령 탄핵결의안'이 국회를 통과하면서 두 달 동안이나 대통령 권한을 행사하지 못했다. 이명박 대통령도 취임하자마자 미국소고기 수입에 반대하는 '촛불시위' 때문에 상당히 고통스러운 시간을 보내야 했다.

12) 규모가 커지면 세분화되고, 세분화된 분야에 맹주가 새로 등장한다

모든 것의 규모가 커지면, 세분화가 이루어진다. 그리고 세분화된 영역에 새로운 강자가 나타난다.

미국의 자동차 시장의 역사를 보자. 처음 자동차가 등장했을 때, 시장의 규모는 미미했다. 그래서 단일 차종의 자동차만이 존재했다. 그러다 시장의 규모가 커지면서 차츰 변하기 시작했다.

처음에는 차의 모델이 다양화되더니, 나중에는 대형차, 중형차, 소형차 시장으로 나뉘었다.

단일 차종만이 있을 때에는 포드가 모든 것을 독점하다시피 했지만, 차종이 다양해지면서 이 현상이 나타날 것을 알고 대비한 GM이 포드를 앞섰다. 그러다가 대형차, 중형차, 소형차 시장으로 세분화 되면서 대형차 시장에서는 GM과 포드가, 중·소형차 시장에서는 도요타 등 일본회사들이 우위를 점했다.

왜 세분화되면서 새로운 맹주가 나타나는 것일까? 프로이센의 프레드릭 대왕이 이것에 대한 해답을 제시했다. 그는 "모든 것을 방어하는 것은 그 어느 것도 방어하지 못하는 것이다."라고 말했는데,[16] 매우 적절한 설명이다.

즉 시장규모가 커지면서 세분화 되자 미국 자동차 시장의 선두를 달리던 GM과 포드는 세분화된 모든 분야에 집중할 수 없었다. 그래서 당시 가장 컸던 대형차 시장에 역량을 집중시키고, 중·소형차 시장을 소홀히 했다. 이때를 노려 일본 자동차 회사들이 중·소형차 시장을 점령했다.

13) 정부가 경제성장에 치중하면 '경제양극화'를 낳고, 복지에 치중하면 '경제불황'을 야기한다[17]

대외 의존도가 높은 우리나라 경제가 안정되려면 성장에 치중해야 된다. 이렇게 되기 위해서는 외국과의 경쟁에서 앞서나가야 한다.

치열한 국제경쟁에 승리하려면 대기업이 '알파독(개의 무리를 이끄는 대장개)' 역할을 할 수 밖에 없다. 미국의 애플이나 구글, 일본의 도요타나 소니와 같은 국제적 공룡기업과 경쟁할 수 있는 기업은 대기업 밖에 없기 때문이다. 우리 정부도 이것을 알기에 대기업에 호의를 베푼다. 이것의 한 예가 바로 이명박 정부의 '비즈니스 플랜들리' 정책이다.

문제는 그 다음에 발생한다. 대기업이 외국기업과의 경쟁에서 승리하여 이익을 창출하면, 직원들에게 임금과 보너스 주기, 중소기업에 하청 주기 등을 통해 '성장의 과실'을 서민들과 나눠야 한다.

이것을 소위 '누출효과(*Spillover Effect*)'라고 한다. 대기업이 거둔 이익이 넘쳐흘러 국민 개개인에게 전달된다는 의미인데, '낙수효과(*Trickle-Down Effect*)'라고도 한다.

그런데 근래에 들어 사무자동화로 인한 대기업 직원의 감소와 더욱 치열해지고 있는 국제경쟁에 대비한 대기업(재벌)의 긴축재정으로 인해 '누출효과'의 속도가 현저히 더뎌졌다. 그 결과 빈부격차와 중산층의 몰락이 급속도로 심화되고 있다.

'경제성장'은 필연적으로 '경제양극화'를 초래한다. 이명박 정부도 이 현상을 피하지 못했다. 그래서 정권말기에 '대통령 지지도'가 추락하는 고통을 겪어야만 했다.

한편 정부가 국민들의 복지에 지나치게 치중하면 경제불황을 초래한다. 인간은 부를 축척하여 더욱 윤택한 삶을 살려는 욕망을 가지고 있다. 그런데 정부가 국민의 문제에 지나치게 개입하면 인간의 기본적인 욕망인 '부의 축척 의지'가 감퇴된다. 이 현상이 지속되면 경제가 성장하지 못해 국가는 심각한 경제위기에 봉착한다. 실제로 공산주의 국가들은 이와 같은 이유로 패망했다.

위의 문제를 해결하기 위해 수많은 정부가 성장과 복지를 동시에 추구하는 정책을 펼쳤다. 박근혜 정부도 균형발전을 제기했다. 즉 성장과 복지를 동시에 성취하겠다는 것이다.

이것은 매우 현명한 방안이라고 할 수 있다. 그러나 이것은 결코 성취하기 쉬운 목표가 아니다.

14) 국가는 곤경에 처하면 국수주의 성향을 강하게 드러낸다

근래의 세계화 추세에 편승하여 모든 국가들은 FTA를 통해 점차 동반자적 관계를 확대하고 있다. 그러나 이것은 정치적·경제적 형편이 어느 정도 유지될 때에 한정된다.

경제적으로나 정치적으로 어려운 입장에 처하면 국가는 점점 더 극단적 민족주의인 국수주의 성향을 드러낸다. 즉 자국의 이익에 지나칠 정도로 집착하면서, 다른 국가 간 분쟁에 웬만하면 끼어들려고 하지 않는다. 이 현상은 강대국일수록 더 심하게 나타난다.

임진왜란이 발발했을 무렵 명나라는 정치·경제적으로 극도의 어려움에 처해 있었다. 외부의 침략이 끊이지 않았기 때문이다. 임진왜란이 끝난 뒤 얼마 후에 패망했을 정도였다. 상황이 이러했기에 명나라는 조선을 돕기는 도왔지만 결코 적극적이지 않았다.

명나라는 우호관계에 있던 조선을 왜의 침략으로부터 구하고, 왜를 응징하려는 의도로 원군을 보낸 것은 결코 아니었다. 오히

려 국수주의적 이유 때문에 참전을 결정했다. 즉 명은 왜가 조선을 찬탈한 뒤에 조선병사들을 앞세워 자신들을 공격해 올 것이 두려웠던 것이다.

명나라는 왜의 침공을 조선에서 막는 것이 현명하다고 생각했던 것이다. 실제로 이 같은 이유 때문에 명나라는 왜와 전쟁을 치르는 와중에도 끊임없이 왜와 휴전협정을 시도했다.

15) 이성적 이미지와 감성적 이미지를 지닌 대통령은 번갈아가면서 나온다

'이성적 이미지'는 자신의 업적이나 실적에 근거한 이미지이다. 도지사 출신들이 자신의 도지사 재직시절의 실적이나 업적을 토대로 대통령 선거에 도전하는 경우가 많다. 이러한 업적이나 실적이 그 도지사의 이미지를 만드는 요소이고, 이렇게 만들어진 이미지가 바로 '이성적 이미지'이다.

2012년 12월에 치러진 경남상도 도지사 보궐선거에 이학렬 고성군수가 도전했다가 새누리당 경선에서 낙방했다. 그는 '공룡엑스포'를 성공적으로 치러 '공룡군수'라는 별명을 얻었고, 이 이미지를 등에 업고 경상남도 도지사 선거에 도전했는데, '공룡군수'가 바로 '이성적 이미지'의 한 예이다.

'감성적 이미지'는 외모나 복장 등 외면적인 요소에 근거한 이미지이다. 위에서 언급되었듯이 좋은 예가 미국의 전 대통령 레이건이다. 1980년 미국 대통령 선거에 출마한 배우출신의 공화당 레이건 후보는 특유의 다정한 미소를 표출하여 득표했고, 당선되었다.

우리나라에도 감성적 이미지를 지닌 정치인이 많다. 노무현 전 대통령, 오세훈 전 서울시장등이 이중에 포함된다. 특히 감성이 풍부한 여성 정치인들은 대부분 감성적 이미지의 소유자들이다.

우리나라 대통령 선거에서는 감성적 이미지를 지닌 후보와 이성적 이미지를 지닌 후보가 번갈아 가면서 당선되는 경향이 있다. 이런 현상이 나타나는 이유는 정권말기에 대체로 대통령에 대한 평가가 좋지 않다. 그러면 유권자들은 현 대통령과 반대되는 이미지를 가진 후보를 선호하기 때문이다.

우리나라 역대 대통령을 보면 김대중 대통령은 이성적 이미지를 지니고 있었다. 독재정권에 항거한 경력과 장기간의 야당생활이 그의 업적이 되었고, 이미지 형성의 주요 요인이 되었기 때문이다. 실제로 대통령 선거에서 그는 '준비된 대통령'이라는 이성적 이미지를 강조하는 슬로건을 앞세워 선거운동을 펼쳤다.

이성적 이미지를 지닌 김대중 대통령의 인기는 정권 말기에 측근과 가족의 비리로 인해 하락했다. 그러자 국민들은 감성적 이미지를 가진 노무현 후보를 선택했다. 당시 노무현 후보는 내세울만한 실적이나 업적은 없었지만, 그에게서 풍겨 나오는 서민을 포용하는 감성이 그의 득표에 적지 않은 도움을 주었다.

그러나 노무현 대통령은 경제부흥에 성공적이지 못했다. 그러자 국민들은 서울시장 재직시 '청계천 복원'을 성공적으로 완수했고, 현대건설 회장으로서 경제 경험이 많았던 이명박 대통령을 차기 대통령으로 선출했다. 이명박 대통령은 이성적 이미지를 지닌 대표적인 인물이다.

임기 말기에 '경제양극화'와 측근 비리 등으로 이명박 대통령의 인기가 하락했다. 그러자 국민들은 그 다음 대통령으로 감성적 이미지를 지닌 새누리당 박근혜 대통령을 선택했다.

■ 전략기획의 절차

전략기획의 기본은 세 개의 축으로 구성된다. 세 개는 바로 적, 상황, 나이다.

첫째는 '지피지기 백전백승'이라는 말이 있듯이 우선 적을 알아야 한다. 적에 대한 정보뿐만 아니라, 적의 전략까지도 정확히 예측하려고 노력해야 한다.

둘째는 승부에 영향을 미치는 상황예측이다. 과연 상황이 우리에게 얼마나 도움이 될 것인가를 정확히 예측해야 한다.

세 번째는 적의 전략예측과 상황예측에 기초하여 나의 전략을 짜야 한다. 나의 전략은 한마디로 모든 정보수집과 적의 전략 추정이 완료된 후에 완성되는 것이다.

각 단계에서 빠뜨려서는 안 되는 것이 있다. 그것은 바로 '비용-효과분석(*Cost and Effect Analysis*)'이다.

전략을 잘 써서 승리를 했다고 해도 그 승리에 대한 비용이 너무 커서 이기고도 그것 때문에 고통스럽다면 그것은 좋은 전략이 아니다. '승자의 저주'가 좋은 예이다. 우량기업이 매물로 나왔을 때, 많은 돈을 들여 그 기업을 매입했지만, 너무 많은 비용을 지불했기에 모기업이 재정파탄에 직면했다면 비용-효과분석을 잘못한 것이다.

반면 패배가 예상되지만 차후에 큰 보상이 따르는 전략은 결코 나쁜 전략이 아니다. 당선가능성이 낮은 선거구에 자신이 속한 정당의 대의명분을 충족시키기 위해 출마했다가 낙선한 후보가 자신의 당이 집권하면서 과거 희생의 보상으로 정부요직에 임명

됐다면 그것은 비용-효과대비 결코 나쁜 전략이라고 볼 수 없다.

즉 상대의 전략예측, 상황파악, 나의 전략 세 가지는 전략기획의 기본요소이다. 그러나 이것이 전부는 아니다. 이외에도 반드시 거쳐야할 단계가 있다.

1. 문제의 인식

정명가도(征明假道)라는 말이 있다. 이것은 조선 선조 때 일본의 도요토미 히데요시가 "중국 명나라를 치려하니 조선에 길을 열어 달라."고 한 요구이다.

이것은 누가 봐도 조선을 침략하겠다는 의도를 분명히 드러내고 있다. 이런 인식이 가능했던 이유는 두 가지이다. 첫째 당시 명나라는 조선과 동맹관계에 있었다. 자신과 동맹관계에 있는 나라를 침공하라고 길을 열어주는 나라는 지구상에 없을 것이다.

둘째 진정 명나라를 공격하는 것이 목적이라면, 직접 중국을 공격하면 된다. 굳이 조선을 통해 명나라로 갈 필요가 없는 것이다.

위의 문제를 두 가지 추가적인 측면에서 조명할 수 있다. 첫 번째는 그 문제가 어떻게 귀결될 것이냐는 것이다. 이것은 그 심각성이 어느 정도인가에 의해 결정된다. 왜가 조선을 침략할 의도가 있음이 명확한 상황에서 조선의 조정은 이 문제의 심각성을 정확히 인지하고 있었다. 그것은 전쟁이 불가피하다는 것이다.

두 번째는 손익의 구체적 계산이다. 전쟁을 치르면 인명과 재정의 손실이 어마어마하다. 만약 패배하면 왜의 식민지가 될 수도 있다. 따라서 목숨을 바쳐 싸워야 한다. 승리하더라도 전쟁이 장기화되면 국토가 피폐해지는 것은 피할 수 없다.

2. 문제의 해석

문제의 해석은 문제를 인식한 다음 단계에 해야 하는 일로서, 문제해결의 방향을 결정짓는 단계이다. 즉 갈등을 빚고 있는 국가 간에는 싸우느냐 화해하느냐가 문제의 해석단계에서 결정된다. 이웃과 갈등이 있는 경우에는 대화를 통해 푸느냐, 재판을 통해 푸느냐 등 방향을 정하는 단계인 것이다.

이 단계는 해결방향에 대한 것이므로, 당면한 문제에 대한 자신의 해결 역량의 정확한 측정이 선행되어야 한다. 또한 당면한 문제 해결에 영향을 미치는 상대방이나 상황이 있다면 그것의 영향 정도도 예측해야 한다. 따라서 상대방의 역량이나 상황의 여파 등에 대한 정보가 부족한 경우에는 정확하게 문제를 해석하기란 결코 쉽지 않다.

원균은 칠전량 해전에서 이순신 장군이 장기간에 걸쳐 일궈놨던 병사들과 수 백 척의 배를 잃었다. 그러자 조정에서는 이순신 장군을 삼도수군통제사에 재임명했다.

그러나 조정에서는 조선수군이 고작 12척의 배를 가지고 있고, 병사의 숫자도 보잘 것 없다는 것을 알았다. 그래서 이순신 장군에게 수군을 폐하고 권율이 지휘하는 육군에 편입하라고 명령했다.

그러나 이순신 장군은 조정과 문제의 해석을 달리했다. 그는 조정에 올린 장계에서 "신(臣)에게는 아직 12척의 배가 남아있습니다. 죽을 힘을 다해 막아 싸우면 승리할 수 있습니다."라고 적었다.

수군이 거의 궤멸된 상황이므로 회복불능이라는 조정의 해석은 상당히 합리적이라고 봐야 한다. 전쟁에서 군대의 규모는 승패를 가르는 가장 중요한 요소 중의 하나이기 때문이다. 기업으로 말하면 당시 이순신 장군의 수군은 중소기업이었고, 왜군은 대기업이었던 것이다.

반면 이순신 장군은 12척의 배만으로도 전략만 잘 구사하면 승리할 수 있다고 판단했다. 즉 중소기업이지만 대기업과의 경쟁에서 이길 수 있다고 해석했던 것이다.

객관적 차원에서 보면 조정의 판단이 옳았다고 봐야 한다. 고작 12척의 배로 수백 척의 배를 가진 왜군을 이길 수 없다는 것은 당연한 판단이다. 그러나 전략의 달인인 이순신 장군은 조정의 해석이 틀릴 수도 있다는 것을 알았다.

즉 조정과 이순신 장군사이에 문제의 인식에서는 차이가 거의 없었다. 즉 어떠한 희생을 치르더라도 싸워야 한다는데 대해서는 의견이 같았다.

그러나 문제를 어떤 방향으로 해결할 것인가에 대해서는 판이하게 다른 해석을 하고 있었다. 이순신은 12척의 배만으로도 이길 수 있다고 해석했고, 조정은 그것이 불가능하다고 해석했다.

이 단계에서는 어느 해석이 옳은 지 판단하기가 극히 어렵다. 그러나 적어도 두 가지 기준을 적용시키면 조금이나마 나은 판단을 할 수 있다.

첫 번째는 누가 현장에 대한 정보와 경험을 더 많이 가지고 있느냐이다. 만약, 대립하고 있는 당사자들이 모두 객관적인 입장에서 판단하고 있다면, 현장에 대한 정보와 경험이 많은 쪽의 판단을 따르는 것이 옳다.

이순신 장군과 조정은 모두 전쟁에서 이기기 위해 무엇이 옳은지에 대한 판단을 내놓았다. 그러나 현장에 대한 정보와 경험의 측면에서 조정은 이순신 장군보다 나을 수가 없었다. 따라서 조정이 이순신 장군의 판단을 존중한 것은 옳은 결정이었다.

두 번째 문제해석에서 정파의 이익이 우선시 되었다면, 그 해석은 결코 채택되어서는 안 된다. 소수의 수군으로 다수의 왜군과 싸울 의사를 밝힌 이순신 장군은 죽음을 각오하고 있었다. 따라서 그에게서 정파적 이익을 위한 판단의 징후가 있다고 볼 수 없다.

임진왜란 전에 조선은 왜의 분위기를 살피기 위해 통신사를 보냈다. 정사는 황윤길이고, 부사는 김성일이었다. 이들은 귀국하여 상이한 보고를 했다. 황윤길은 멀지 않아 왜가 조선을 침략할 것이라고 보고했고, 김성일은 침략의 조짐이 전혀 없다고 보고했다.

이들의 상반된 보고를 받고 김성일이 속한 동인이 득세하고 있던 조정은 왜가 조선을 침략하지 않을 것이라고 판단했다. 사실 김성일도 왜가 침략할 것이라고 생각했다. 문제는 자기가 속한 동인이 "왜가 침략하지 않을 것이다."를 이미 당론으로 정했기 때문에 김성일도 따를 수밖에 없었다. 이렇게 정파적 이익에 근거한 문제해석은 심각한 결과를 초래한다.

3. 목표 설정

목표는 구성원으로 하여금 최종적으로 무엇을 위해 뛰게 하느냐에 대한 것이다. 임진왜란 때 이순신 장군의 목표는 왜의 수군을 격파하여, 그들의 중추전략인 '수륙병진'을 좌절시키는 것이었다. 삼국지에 나오는 유비의 목표는 '천하를 도모하는 것'이었다.

선거에 출마한 후보의 목표는 두말할 것도 없이 '당선'이다. 한편 비즈니스를 하는 기업가의 목표는 '이윤의 극대화'이다.

목표는 될수록 구체적으로 설정하는 것이 좋다. 예를 들면 '이윤의 극대화'보다는 '순이익 2억 달성'이 더 좋은 목표이다. 왜냐하면 구성원들이 목표를 더 분명히 이해할 수 있으며, 동시에 실시간으로 목표달성 정도를 파악할 수 있기 때문이다.

4. 가설 설정

가설은 주어진 목표의 성취방법에 대한 것이다. 아직 충분히 검증되지 않았지만, 목표를 달성하기 위해 임시로 설정된 방법인 것이다.

이순신 장군이 12척의 배만으로 수백 척을 가진 왜의 수군을 격파할 수 있다고 선조에게 장계를 올렸을 때 이순신 장군은 가설을 가지고 있었다. 그것은 바로 "왜군의 대규모 선단이 조선전함 12척을 동시에 공격하지 못하는 곳에서 전투를 하면 승산이 있다."는 것이다. 그는 이 가설을 실행에 옮겼다. 그는 바다의 폭이 좁은 울돌목에서 전투를 벌여 자신의 가설이 옳다는 것을 스스로 입증했다.

삼국지에 나오는 유비는 표면적으로 '한나라 왕조의 부흥'을 외쳤지만, 사실은 거대한 중국을 통일하는 것이 목표였다. 이 때 제갈공명이 내세운 가설이 바로 그 유명한 '삼분지계'이다. 우선 중국을 북쪽의 위나라, 남쪽의 오나라, 서쪽의 촉나라로 삼분한다. 그리고 3위였던 촉나라는 두 번째로 큰 나라인 오나라와 연합하여, 가장 강대했던 위나라를 무너뜨린다. 위나라를 무너뜨린 다음에 오나라를 정복하여 삼국통일을 이룬다.[18)]

"비즈니스에서 성공하려면 목이 좋은 곳에 점포를 내야 한다." 여기서 목표는 '비즈니스에서의 성공'이고, 가설은 '목이 좋은 곳에 점포를 내는 것'이다. 물론 목이 좋은 곳에 점포를 냈다고 항상 성공하지는 않지만, 현재 상황에서는 가장 그럴듯한 방안이라는 것이다.

우리나라 대통령 선거에서 승패의 '캐스팅 보드'를 쥐고 있는 지역은 충청권 유권자들이다. 1997년 대통령 선거에 출마한 김대중 후보의 가설은 "김종필 자유민주연합 총재와 DJP 연합을 성사시켜 충청권 유권자 중 60% 이상의 지지를 획득한다."였다. 실제로 이것을 성공적으로 완수하여 김대중 후보는 그의 목표인 대통령 선거에서 승리했다.

가설은 적어도 세 가지 측면에서 매우 효율적이다. 첫째 가설은 목표로 가는 과정을 명쾌하게 보여준다. 모든 사람이 공유할 수 있도록 말이다. 가설은 대체로 내용이 짧고, 명료하기 때문에 관련자들이 쉽게 이해할 수 있다.

두 번째 가설은 정보를 종합적으로 재해석하게 한다. 엉터리로 가설을 만들려고 하는 사람은 없을 것이다. 가설을 만드는 과정은 전략책임자로 하여금 나름대로 정보를 종합적으로 정리하게끔 한다. 이것은 차후 단계의 성공적인 실행에 적지 않은 도움을 준다.

세 번째 정보 수집과 해석 및 전략의 방향 설정에 영향을 미친다. 이순신 장군은 "왜군의 대규모 선단이 동시에 12척을 공격하지 못하는 곳에서 전투를 하면 승산이 있다."는 가설을 설정했기에 울돌목을 왜군과의 전쟁터로 선택할 수 있었다.

가설은 내용이 누구나 이해할 수 있도록 명쾌해야 한다. 이명박 정부의 목표는 '경제부흥'이었다. 그리고 가설로 '비즈니스 플랜들리(*Business Friendly*)'를 내세웠다. 이것은 "기업위주의 정책을 펴겠다."는 의미인데, 서민들이 영어인 비즈니스 프랜들리를 명쾌히 이해하기에는 다소 무리가 있었다.

박근혜 정부의 목표는 부의 재분배를 지향하는 경제민주화와 성장을 지향하는 경제발전을 조화롭게 달성하는 '균형성장'이다. 그리고 가설은 '신성장동력 창출'이다. 즉 이것의 확보를 통해 일자리를 더 많이 확보하는 동시에 성장도 이루겠다는 것이다. 그러나 신성장동력의 실체가 뚜렷하지 않아, 일반 국민들이 쉽게 이해할 수 있을 것 같지는 않다.

5. 정보수집 및 해석

1) 정보수집 방법

정보를 수집하는 일은 귀찮은 일이다. 시간이 많이 소요될 뿐만 아니라, 일의 성과도 쉽게 드러나지 않는다. 근래에는 인터넷 서핑을 통하여 귀중한 정보를 쉽게 얻을 수 있지만, 인터넷이 없었던 시대에는 일일이 현장을 방문하여 정보를 얻어야 했으므로 정보수집 그 자체가 고통이었다.

그러나 '전략기획형 인간'이 되기 위해서는 정보수집 훈련을 철저히 해야 한다. 이것이 미래의 승부를 결정짓기 때문이다. 즉 철저한 정보수집이 '성공의 지름길'이라는 뜻이다.

(1) 전문가로부터 정보를 얻어라

전문가가 제공하는 정보를 존중해야 한다. 전문가들은 정보를 정제해서 전달할 뿐만 아니라, 자신의 전문적인 식견까지 곁들이기 때문에 그들의 정보는 목표 달성에 큰 도움이 된다.

삼성을 창립한 이병철 회장이 후임 이건희 회장에게 남긴 유훈이 바로 '경청'이라고 한다. 특히 "회사 내외의 다양한 기술자들의 말에 귀를 기울여라."라는 말을 남겼다는데, 이것은 바로 전문가로부터 정보를 얻으라는 뜻이다.

근래에는 '경청'이 시스템화 되었다. 즉 경영정보시스템(*Management Information System*)이 바로 그것이다. 이것은 기업의 경영진이나 조직의 관리자들에게 투자 · 생산 · 판매 · 경리 · 인사 등에 관한 필요한 각종 정보를 신속하고 정확하게 공급함으로써 생산성과 수익성을 높이고자 하는 정보시스템이다.[19] 즉 기업 업무의 합리화와 효율화를 위한 효과적인 정보제공에 역점을 둔 시스템이다.

전략정보시스템(*Strategic Information System*)이라는 한 단계

더 진일보한 시스템도 등장했다. 이것은 기업으로 하여금 시장에서 경쟁력 우위를 확보하게 하기 위한 것으로 시장에서의 경쟁력 확보, 신규 사업의 창출이나 상권의 확대, 업계구조의 변혁 등을 조금 더 용이하게 하기 위한 정보 시스템이다.[20] 금융기관의 대규모 온라인 시스템이나 항공회사의 좌석예약 시스템 등이 여기에 속한다.

(2) 적으로부터 얻은 정보는 매우 귀중한 정보다

경쟁하고 있는 상대로 부터 얻은 정보는 매우 유익한 정보이다. 그 이유는 적만큼 적을 잘 알고 있는 사람이 없기 때문이다. 그래서 귀순자가 가져온 정보는 예외 없이 매우 유용한 정보이다.

이와 같은 이유 때문에 모든 국가들은 적대국가에 스파이를 보내고 있다. 또한 병법서에는 내간, 반간, 향간 등 간첩 이야기가 끊임없이 등장한다. 내간은 적국의 고위인사이고, 반간은 이중간첩을 말한다. 향간은 적국에 거주하는 사람이다. 이렇게 간첩이 중요한 이유는 이들이 바로 적에 대한 매우 유용한 정보를 가져다주기 때문이다.

명장과 책사들은 간첩이 아닌 적이나 적진에 거주했던 서민으로부터 얻은 단 한 조각의 정보조차 요긴하게 활용한다.

삼국지를 보면 오장원이라는 곳에서 위나라 명장 사마의와 촉나라 재상 제갈공명이 승부를 벌였다. 사마의는 제갈공명에게 연전연패하자, 성안에서 나올 생각을 하지 않았다.

이것을 본 제갈공명이 사마의에게 사내답지 못하다는 뜻을 지닌 물건을 보냈다. 사마의로 하여금 분노케 하여 출전하게끔 하려 했던 것이다.

그러나 사마의 또한 명장인 동시에 책사였다. 그는 제갈공명의 모욕에 전혀 동요하지 않고, 도리어 제갈공명이 보낸 사신으로부터 귀중한 정보를 얻어냈다. 즉 "제갈공명이 먹는 양에 비해 일을 너무 많이 한다."는 사실이었다. 이를 통해 사마의는 제갈공명이 오래 살지 못할 것이라는 사실을 알아차렸다. 실제로 얼마 후에 제갈공명은 과로로 숨졌고, 사마의는 전쟁에서 승리했다.

이순신 장군은 적의 포로로 있다가 탈출한 김중걸이라는 백성이 전달한 한 조각 정보, "왜군이 조선수군을 궤멸시킨 후에, 한강으로 진출하려 한다."를 활용하여 울돌목에서 왜군을 궤멸시켰다.

근대 전쟁에서도 적으로부터 정보를 얻으려고 노력한 흔적을 어렵지 않게 찾을 수 있다. 2차 세계대전 때 노르망디 상륙작전을 배경으로 만들어진 '밴드 오브 브라더스(*Band of Brothers*)'란 다큐멘터리 성격의 드라마가 있다. 이 드라마의 한 부분에 북부 독일의 하게나우라는 곳에서 조그마한 강을 사이에 두고 미군과 독일군이 격전을 벌이는 장면이 나온다. 이곳의 미군 지휘관은 순찰대로 하여금 강을 건너가 독일군을 생포해 오라고 지시한다.

왜 미군 지휘관은 적군을 생포해 오라고 지시했을까? 그것은 적에 대한 동향을 정확히 탐지하기 위해서였다. 즉 적만큼 적에 대해 잘 아는 사람이 없기에 적군을 생포해오라고 지시했던 것이다. 이 지휘관은 적으로부터 얻은 정보가 매우 중요하다는 것을 잘 알고 있었던 것이다.

2) 정보의 진위확인

정보가 승리하는 전략기획의 시발점이자 초석인 만큼 정보의 진위를 확인하는 것은 매우 중요한 일이다. 실제로 이순신 장군 같은 전략기획의 달인들은 정보의 진위확인에 신중에 신중을 기했다.

명량대첩에서 이순신 장군은 포로로 잡혀있다 도망친 김중걸이라는 백성이 전해준 정보를 무조건 받아들이지 않았다. 그는 그 정보를 철저히 검증했다. 즉 지금 용어를 사용하면 '크로스 체크(*Cross-Check*)'를 한 것이다. 정확한 정보는 승리하는 전략 만들기에 없어서는 안 될 요소지만, 부정확한 정보는 '독(毒)'이 되기 때문이다.

이순신 장군은 어떻게 정보를 검증했을까? 그는 김중걸이 전달한 정보가 옳다면 왜군이 자신의 함대 위치를 파악하기 위해 적의 동향을 파악하는 것이 주 업무인 탐망선을 더 빈번히 보낼 것이라고 생각했다. 지금과 같이 레이더가 없던 시절에는 탐망선이 적에 대한 정보를 파악할 수 있는 유일한 방법이었기 때문이다. 이순신 장군은 적의 탐망선이 더 빈번히 나타나는 것을 보고 김중걸이 준 정보가 사실임을 확신했다.

실제로 이순신 장군이 정보의 진위파악에 매우 신중했다는 것은 다른 사건을 통해서도 확인할 수 있다. 왜군 진영에서 조선과의 강화를 주장하고 있던 고니시 유키나가는 전쟁을 계속할 것을 주장하는 가토 기요마사의 부대가 대마도를 통해 부산에 도착할 것이라는 정보를 조선군에게 비밀리에 전달했다. 즉 조선군이 그의 군대를 몰살시키기를 바랐던 것이다.

이 정보에 근거하여 선조는 이순신 장군에게 가토 기요마사의 부대를 공격하라고 명령했다. 그러나 이순신 장군은 왜군이 제공한 이 정보가 신빙성이 없다고 보았다. 그래서 왕명을 이행하지 않았다. 그런데 이 정보는 사실이었다.

이순신 장군은 이렇게 검증이 안 된 정보는 그것이 임금이 전달한 것일지라도 절대 믿지 않았다. 반면 정보가 검증된 경우에는 그것이 목동이나 포로로 잡혀 있다가 탈출한 일반 백성이 전달한 정보라도 철저히 이용하였다.

3) 정보의 정확한 해석

위에서 언급되었지만 이순신 장군은 김중걸이라는 백성이 전해준 정보를 정확히 해석하고 철저히 이용하여 명량해전에서 대승을 거두었다.

"왜군이 이순신 장군과 13척의 전함을 어떻게 해서든지 찾아 궤멸시키려 한다."는 정보는 과연 무엇을 의미하는 것일까? 이 단계부터 그야말로 정확하고 치밀한 정보의 해석이 필요하다.

이순신 장군은 이 정보를 정확히 해석해 냈다. 즉 "왜군이 조선 수군을 몰살시키기 위해 그의 함대가 있는 곳으로 찾아온다."는 뜻이라는 것을 말이다.

이것은 왜군과 싸울 장소를 이순신 장군이 정할 수 있다는 것을 의미한다. 실제로 이순신 장군은 울돌목에서 싸우기 전까지 이곳저곳으로 함대를 옮기면서 왜군과의 조우를 피했다. 이것은 울돌목에서 한판의 승부를 벌이기 위한 사전 조치였다. 그리고 울돌목에서 정면대결을 펼쳤다. 이순신 장군의 함대를 찾아 여기저기 뒤지고 다니던 왜군으로서는 자신들과 정면대결을 펼치는 이순신 장군에게 고마워했을 수도 있다. 그러나 울돌목이 바로 이순신 장군이 쳐 놓은 그물이라는 것을 알아 차렸을 때에는 이미 승패가 갈린 시점이었다.

중국의 수나라와 당나라는 고구려를 정복하기 위해 100만 대군을 동원했다. 이런 대규모 공격 정보를 접한 고구려는 이것을 어떻게 해석했을까?

고구려는 이 정보를 정확히 해석해냈다. 첫째 고구려는 100만의 군대가 온다는 것이 100만의 병사가 동시에 고구려를 공격한다는 의미가 아니라는 것을 알았다. 실제로 안시성을 일시에 공격할 수 있는 군사의 숫자는 고작 수 만 명에 불과했다. 즉 실제 전투상황에서 수만 명의 안시성 군대만으로 수나라와 당나라의 군대를 상대할 수 있었던 것이다.

두 번째 100만 군대의 가장 커다란 문제점은 보급이었다. 만약 고구려가 성안에서 수개월을 버틴다면 그들은 심각한 보급 문제에 봉착할 것이 뻔했다. 그래서 고구려는 청야수성(淸野守成)전략을 폈다. 즉 들판에 있는 곡식을 모두 태워버리고, 성안에서 버텼다. 이 전략은 보기 좋게 들어맞아 결국 수나라와 당나라는 퇴각해야만 했다.

우리나라에 널리 알려진 적벽대전에서도 오나라의 손권과 초나라의 제갈공명은 정보를 정확히 해석해냈다. 조조의 군대는 100만 대군이었지만, 사실 정예병은 20만 명 정도였다. 나머지는 원소, 동탁 등 다른 제후들과의 전쟁에서 승리한 대가로 얻은 병사들이어서 조조에 대한 충성심이 없었다. 더구나 해전을 치러야 하는 상황에서 조조에게는 수군이 별로 없었다. 반면 20만 가까운 오나라와 초나라의 연합군은 거의 모두가 해군이었을 뿐만 아니라, 충성심도 강했다. 이런 상황에서 조조의 대군이 대패 당한 것은 우연이 아니다.

역지사지(易地思之)라는 말이 있다. 상대방의 처지나 입장에서 먼저 생각해 보라는 뜻인데, 이것이 정확한 정보 해석을 위한 좋은 방법이다.

정확하게 정보를 해석하려면 우선 "적의 입장에서 정보를 분석해야 한다." 나의 편의나 이익에 맞춰 제멋대로 해석한 정보에 근거해서는 결코 성공적인 전략기획을 짤 수 없다.

역지사지는 훌륭한 교훈이지만, 실제 생활에서는 결코 따르기가 쉽지 않다. 인간은 자신의 입장에서 생각하는 습관에 길들여져 있기 때문이다. 또한 남의 입장에서 생각하는 것만큼 스트레스가 쌓이고, 거추장스러운 일도 없다. 자신의 입장에서 생각하는 것은 1초면 가능하지만, 남의 입장에서 생각하는 것은 훨씬 더 많은 시간이 소요되고, 정확히 생각해 내기도 쉽지 않기 때문이다.

이 문제를 해결하기 위한 가장 좋은 방법은 상대방 입장에 정통하거나, 중립적 위치에 있는 제 3자로 하여금 상대방의 입장에서 의견을 개진하게 하는 것이다. 그러면 그나마 상대방 입장에 가장 근접한 해석을 할 수 있다.

■ 전략도출 방법

중국속담에 "구두장이 셋이면 제갈량보다 낫다."라는 말이 있다. 이 말은 범인(凡人)이라도, 미리를 맞대면 제갈량의 전략보다 더 나은 전략을 고안해 낼 수 있다는 말이다.

우리나라에도 비슷한 격언이 있다. "중지(衆智)를 모으다."라는 말인데, 이것은 뭇사람의 뜻이나 생각을 모으면 좋은 해결책을 찾아낼 수 있다는 뜻이다. 그렇다고 구두장이나 범인(凡人)들을 무시하는 것은 결코 아니다. 세계 최대 가전회사인 일본 마쓰시타 그룹의 회장 마쓰시타 고노스케도 한때 구두닦이였으니 말이다. 또한 범인들 중에는 기회가 없어 자신의 능력을 발휘하지 못할 뿐이지, 인재들이 많기 때문이다.

가장 흔히 쓰이는 전략도출방법은 브레인스토밍(*Brain Storming*)이다. 브레인스토밍을 직역하면 "뇌에 폭풍을 일으킨다."라는 뜻이다. 즉 뇌의 활동량을 극대화시켜 양적으로나 질적으로 가장 훌륭한 아이디어를 도출한다는 의미이다.

브레인스토밍을 할 때는 적어도 두 가지 원칙을 지켜야 한다. 첫째는 아무리 엉뚱한 생각이라도 그것을 제기할 수 있다. 예를 들어 "돛단배를 잘 만들어 태평양을 건너자."와 같은 사실상 불가능한 아이디어까지도 제기할 수 있다. 두 번째 타인이 어떠한 황당한 아이디어를 내도 그것을 비판해서는 안 되며, 동감하지 않는다는 표정조차 지어서는 안 된다. 즉 모든 제안을 긍정적으로 받아들여야 한다.

필자가 여론조사회사에 근무하고 있을 때 유명 광고회사를 방문한 적이 있다. 다른 업무 때문에 방문했었는데, 그들이 나의 의견을 듣기 원했기에 오후 2시부터 열린 브레인스토밍 회의에 참석했다. 그들은 이 때 의뢰회사의 새 상품광고를 구상하고 있었는데, 숫자를 주로 다루던 나로서는 그들이 어떻게 아이디어를 도출하는 지가 매우 궁금했다.

나를 포함하여 일곱 명이 모인 회의실은 한마디로 삭막했다. 창문도 없이 흰 벽으로 둘러싸여 있었다. 그리고 유명 광고회사의 회의실이라고 볼 수 없을 정도로 청결하지 못했다. 가구라고는 회의테이블과 의자가 전부였다. 삼류 정신병원 입원실 같다는 느낌이 들 정도 였다.

회의가 시작되었다. 매우 자유스러운 분위기에서 아이디어가 하나씩 도출되었다. 도넛과 커피가 준비되어 있었는데, 참석자들은 언제든지 그것을 가져다 먹을 수 있었다.

내가 근무하던 회사에서는 회의에 음식물이나 음료수를 들고 들어올 수 없었을 뿐만 아니라, 회의도중에 음식물이나 음료수를 가지러 가는 것은 무례하게 여겨졌다. 이 회사의 회의는 그런 면에서 상당히 자유분방했다.

이 회의에서는 참석자들이 낸 아이디어가 하나도 빠지지 않고 A4용지에 검은 매직펜으로 커다랗게 쓰여 벽에 붙여졌다. 내가 근무하던 회사의 아이디어 회의 참석자들은 도출된 아이디어를 각자가 메모하는 정도였다.

그제야 벽에 아무런 장식이 없는 이유를 알았다. 아이디어를 사방의 벽에 붙여놓기 위해서였다. 아마 다른 곳에서 이렇게 산만하게 아이디어를 벽에 붙였다면 내용이 눈에 들어오지 않았을 것이다. 그러나 브레인스토밍과정에서 나온 아이디어라 그런지 한눈에 다 들어왔고, 이해도 잘 되었다.

참석자가 이미 나온 아이디어와 비슷한 아이디어를 내면 다른 참석자가 그 내용이 이미 벽에 붙어있다는 사실을 손짓으로 알려주었다. 이렇게 하여 유사 내용이 반복 제기되는 것을 막았다. 이러다 보니 참석자들은 아이디어를 생각해 낸 후 벽면을 보고 이미 유사 아이디어가 제기되었는지를 확인한 뒤 그런 아이디어가 없을 때에만 자신의 아이디어를 개진했다.

3시간 정도 지났을 때 사면의 벽은 참석자들이 낸 아이디어로 꽉 채워졌다. 그러자 참석자 중 두 명이 능숙한 솜씨로 아이디어를 분류하기 시작했다. 이미 여러 차례 해본 솜씨였다. 그 후에 한명이 분류된 아이디어를 워드프로세스로 정리한 뒤 참석자들에게 나누어줬다.

이들은 기존의 '브레인스토밍' 방식에다 자신들만의 독특한 방법을 가미하여 브레인스토밍을 하고 있었다. 상당히 배울 점이 많은 아이디어 도출 방식이었다.

■ 전략선택 방법

위에서 언급된 유명 광고회사 회의에 대해 계속 서술하면, 저녁식사 후에 오후 회의에서 도출된 아이디어 중 실행에 옮길 전략을 선택하는 '전략선택 회의'가 열렸다. 광고의 단계별로 분류된 아이디어 중 활용할 전략을 선택하기 위한 회의였다.

이 회의에는 해당부서를 총괄하는 본부장도 참석했다. 그러나 본부장은 항상 가장 나중에 자신의 의견을 겸허히 피력했다. 그 본부장은 회의 참석자들 중에서 가장 경험이 풍부한 베테랑 광고 전문가였지만, 자신의 의견이 다른 직원들의 의견에 영향을 미칠까 우려하는 모습이 역력했다.

외부인인 나도 가급적이면 다른 참석자들의 의견을 들은 뒤에 의견을 피력했다. 나는 이 분야의 전문가도 아닐뿐더러, 외부인이 먼저 이야기하면 행여나 내부 직원들의 의견에 영향을 미칠 것을 우려했기 때문이다. 단 여론조사 전문가로서 대중의 의견을 다른 참석자들 보다 조금 더 정확하게 예측할 수 있었다. 그래서 대중의 의견에 대한 예측이 필요할 때에는 적극적으로 피력하였고, 그 이유를 사례를 들어가면서 설명했다.

전략선택의 방법은 이러했다. 우선 30여개의 아이디어 중에서 필요하다고 생각되는 10개를 선택했다. 그리고 이 10개 중에서 서로 배타적이어서 동시에 사용할 수 없는 전략을 추출하기 시작했다. 운동시합의 1:1 토너먼트 방식이 사용되었다. 10개의 아이디어를 두 개씩 짝지었고, 그 중 서로 배타적이라고 생각되면 하나를 버리는 형식이었다.

그 결과 5개의 아이디어가 선택되었다. 이들 5개의 전략에 목표와의 연관성, 성공가능성 등을 기준으로 순위를 매겼다. 그리고는 회사의 실행능력을 고려하여 2위까지의 아이디어를 최종 전략으로 선택했다.

그런 다음에 두 개 전략의 성공 가능성을 높이기 위한 작업이 시작되었다. 선택된 전략들의 성공가능성을 높이기 위한 사전 전략이나 사후 전략을 추가로 덧붙였다.

이순신 장군의 한산도 대첩의 예를 위 경우에 대입시키면 다음과 같다. 이순신 장군에게는 두 가지 방법이 가능했다. 견내량에 주둔하고 있던 왜의 수군을 찾아가 공격하는 방법과 왜군을 한산도 앞바다로 유인해 결전을 벌이는 방법이다.

견내량 주변은 좁고 암초가 많아 조선수군의 주력 전함인 판옥선이 활동하기가 자유롭지 못하다는 점과 견내량을 직접 공격했을 때 근처 육지에 주둔하고 있던 왜군의 협공을 받을 가능성이 있다는 점이 고려되었다. 그래서 이순신 장군은 왜군을 한산도 앞바다로 유인하는 전략을 택했다.

핵심전략을 세운 다음에 이 전략을 완성시킬 연계전략을 세워야 했다. 그것은 "한산도 앞바다로 왜군 전함들을 어떻게 유인하느냐?"였다. 방법은 판옥선 5, 6척이 견내량으로 들어가 왜군 전함을 공격하는 척 하는 것이었다. 70척이 넘는 왜군 전함은 당연히 반격을 가하면서 조선수군을 쫓아왔다. 판옥선들은 조선수군의 주력이 학익진 대형으로 기다리고 있던 한산도 앞바다까지 왜군을 유인했다.

그러나 위와 같은 체계적인 전략선택과정은 보기 드물다. 그렇지 못한 경우가 더 많기 때문이다.

대통령 선거전에 한 정당 지구당의 당원단합대회에 강사로 초빙된 적이 있다. 주제는 '왜 OOO후보인가?'였다. 즉 "왜 유권자들이 그 정당의 대통령 후보인 OOO후보에게 투표해야 하는가?"를 핵심당원들에게 알리는 것이다.

우선 강사가 그 이유를 40분가량 설명했다. "왜 OOO후보인가?"에 대해 간략히 정리한 내용과 그것을 다른 사람에게 전달할 때 어떤 태도를 취해야 하는지에 관한 것이었다.

그 지구당의 사무국장도 선거에 상당히 정통한 사람이었다. 강사의 발언이 끝나자마자 자신의 생각을 짧게 발표했다. 한편 강사의 강의내용을 경청하던 지구당위원장이 예정에 없던 '한마디'를 하겠다면서 또 다른 의견을 제시했다.

지구당위원장의 한마디 이후에 그때까지 나온 아이디어를 종합한 내용이 도출되지 않은 상태에서 모임은 끝이 났다. 참석자들 대부분은 "왜 OOO후보인가?"에 대한 대답이 무엇인지 명확하지 않은 상태에서 헤어졌다. 이것은 결코 좋은 방법이 아니다.

사회자인 사무국장은 강사가 제시한 방안 중 당원들과 자신이 공감하는 부분에 자신의 의견을 덧붙인 안을 제시했어야 했다. 그리고 지구당 위원장도 강사와 사무국장이 언급한 내용 중에서 공감하는 부분에 자신의 의견을 덧붙여 제시했어야 했다.

그리고 최종적으로 사회자인 사무국장이 종합해서 가장 좋은 의견을 도출했어야 했다. 이것이 '중지를 모으는 방법'인 것이다. 그런 다음 복창 등의 방법으로 참석한 당원들이 최종적으로 도출된 내용을 확실히 인지하게끔 했어야 했다.

이래야만 당원들이 최종적으로 도출된 “왜 OOO후보인가?”를 이구동성으로 전파할 수 있기 때문이다. 이런 과정이 없는 아이디어 도출방식은 ‘입구는 있으나 출구가 없는 터널’과 같은 것이다.

전략기획의 내용구성

1. 전략기획은 간단명료하게

오래전에 미국 게티즈버그에서 남북전쟁 전사자 공동묘지 봉헌식이 거행되었다. 이때 웅변가로 유명한 에드워드 에버릿은 두 시간에 걸쳐 명연설을 했다. 반면 에브라험 링컨은 어눌한 말투로 고작 2분 동안 연설했다.

그러나 훗날 미국인들은 링컨이 흔들리는 기차 안에서 생각해 냈다는 '국민의, 국민에 의한, 국민을 위한'을 가장 훌륭한 연설로 기억하고 있다.[21)] 링컨의 연설이 간결하면서도, 요점이 명확했기 때문이다. 즉 정치의 중심은 국민이라는 점을 간결하게 표현했기에 국민들은 기억하는 것이다.

존 에프 케네디가 한 연설인 "국가가 국민을 위해 무엇을 해줄 것인가를 묻기 전에 자신이 국가를 위해 무엇을 할 수 있는가를 생각하라."는 연설이 유명한 이유 또한 간결하면서도 내용이 명료하기 때문이다. 그 내용은 국민의 애국심을 요구한 것이어서 국민의 입장에서는 다소 껄끄러울 수 있는 내용이지만, 명연설로 기억되고 있다.

전략기획도 마찬가지이다. 관련자들이 내용을 들을 때만 고개를 끄떡이는 그런 전략은 좋은 전략기획이 아니다. 간단하면서 명확하여 팀원들이 전략기획을 들은 뒤 2-3일 경과한 시점에도 명확히 기억해낼 수 있어야 한다. 즉 내용의 양에 의해 결정되는 것이 아니라, 내용의 질과 간결성이 훌륭한 전략기획과 수준 낮은 전략기획을 구분하는 기준이 된다.

2. 긍정적인 면을 강조하라

전략기획은 목표를 성공적으로 성취하기 위한 것이다. 그러므로 다소 목표를 성취하기 어렵더라도, 굳이 그것을 강조할 필요는 없다. 가급적 목표성취가 가능하다는 방향으로 이끄는 것이 매우 중요하다. 또한 긍정으로 시작하고, 긍정으로 끝내는 것이 좋다.

예를 들면 데이터를 해석할 때도 "20%밖에 성공하지 못했다."보다는 "20%나 성공했다."는 표현을 쓰는 것이 더 좋다.

원균휘하의 조선수군이 왜군에 대패를 당한 후 조선수군은 12척의 전함밖에 가지고 있지 않았다. 수백 척의 전함을 가지고 있었던 왜군을 대적하기에는 누가 봐도 역부족이었다. 그래서 선조는 이순신 장군에게 수군을 폐하고, 권율 장군휘하의 육군에 편입할 것을 명했다. 그러자 이순신 장군은 "지금 신에게 아직 12척의 전선이 있습니다."라는 긍정적 표현을 쓰면서 왜군과의 일전의지를 불태웠고, 결국은 자신의 의지대로 성사시켰다.

3. 전략기획에 걸맞은 이름을 붙여라

전략기획에 그 취지에 걸맞은 이름을 붙이면 좋다. 그러면 참여자들 사이의 의사소통에 적지 않은 도움이 될 뿐 아니라, 전략기획의 취지까지 전달할 수 있다. 또한 이름은 그 전략기획에 친

근감을 느끼게 한다.

'사막의 폭풍'은 1991년에 미국을 중심으로 한 33개 다국적군이 쿠웨이트를 불법 점령한 이라크를 응징할 목적으로 이라크 수도 바그다드에 행한 공습 작전명이다. 즉 '사막의 폭풍'은 폭풍처럼 휘몰아쳐 한순간에 모든 것을 쓰러버리겠다는 의미였다. 이것은 33개국 다국적 군인들에게 작전의 의미를 전달하는데 매우 효과적이었다.

맥아더 장군은 인천상륙작전에 '크로마이트'라는 이름을 붙였다. 크로마이트는 중성 내화 재료의 일종으로 화학작용과 높은 온도에 잘 견딘다. 아마도 맥아더 장군은 상륙시 북한군의 저항에 잘 견디라는 뜻으로 이 작전명을 붙였던 것 같다.

과거 역사를 보면 전투에 나서기 전에 나폴레옹과 같은 장군들은 전투에 '신의 영광', '신의 이름'등의 말을 붙이곤 했다. 이 또한 전쟁이나 전투에 병사들이 신봉하고 있는 신을 위하여 싸운다는 의미를 부여함으로써, 병사들로 하여금 기꺼이 목숨을 바쳐 싸우게끔 하기 위한 것이다.

■ 전략기획 방법

위에서 언급되었듯이 전략기획은 단순한 일과의 나열인 계획(*Plan*)과 달리 상당히 복잡한 편이다. 적의 전략 파악, 승부에 영향을 미치는 상황의 예측 등 내용이 복잡해지면, 이것을 머릿속에서 엮기가 결코 쉽지 않다.

이것을 해결하는 방법은 전략기획을 위해 수집된 모든 내용을 열거해 놓고, 이것을 논리적으로 배열하는 것이다. 마치 퍼즐게임하듯이 말이다. 이렇게 하면 훨씬 수월하고 보다 나은 전략기획을 수립할 수 있다.

이 방법을 숫자계산과 비교하면 더 쉽게 이해할 수 있다. 일반인들이 598×598을 머릿속에서 계산해 내기 쉽지 않다. 그러나 이 수치를 종이위에 적어놓고 계산하면 누구나 쉽게 계산할 수 있다.

아래에서는 전략기획방법 세 가지를 소개하였다. 이 방법들의 공통점은 누구나 쉽게 사용할 수 있는 방법이라는 점이다.

만약 전문적인 지식이나, 터득하기 어려운 노하우가 필요해 상시적으로 쉽게 사용할 수 없다면, 그 전략기획방법은 결코 좋은 방법이 아니다. 아래에 소개된 세 가지 방법은 펜과 종이만 있으면 언제 어디서든지 사용이 가능하다.

1. 대차대조표식 전략기획 방법[22)]

대차대조표식 전략기획방법은 매우 간단하다. 백지 가운데에 줄을 그어놓고 자신의 장점과 단점, 이익과 손실, 공격과 방어 등을 좌우에 열거한 뒤 손익계산을 해보고 앞으로 나갈 방향을 결정하는 방법이다. 단점보다 장점이 많으면 일을 추진하는 것이 좋다. 손실보다 이익을 유발시킬 요소가 많으면 비즈니스를 추진하는 것이 좋다.

대차대조표 방식은 '서로 상쇄할 수 있는 항목을 삭제' 하면서 진행한다. 즉 나의 단점이 있을 때 그것을 상쇄할 수 있는 강점이 있으면, 그 단점은 삭제된다.

네 차례 대통령 선거에서 낙선한 뒤 김대중 대통령은 자신의 앞날을 결정하기 위해 대차대조표식 메모를 활용했다. 아래는 1992년 대통령 선거에서 낙선한 후 김대중 대통령의 메모를 추정한 것이다. 즉 그는 정치를 계속해야 할지 말아야 할지를 대차대조표식 방식을 통해 점검했다.

〈표 1〉 김대중 대통령의 대차대조표식 메모

약점	강점
· 60대 후반의 고령	· 건강한 체력
· 지지자들의 실망감	· 8백만의 지지자
· 재정의 고갈	· 호남의 굳건한 지지
· 김영삼 정권의 감시	· 수많은 정치동료
	· 강력한 정적(政敵)의 부재

⇓

약점	강점
· ~~60대 후반의 고령~~	· ~~건강한 체력~~
· ~~지지자들의 실망감~~	· ~~8백만의 지지자~~
· ~~재정의 고갈~~	· ~~호남의 굳건한 지지~~
· ~~김영삼 정권의 견제~~	· ~~수많은 정치동료들~~
	· 강력한 정적(政敵)의 부재

위의 표에서 볼 수 있듯이 김대중 대통령의 약점인 '60대 후반의 고령'은 '건강한 체력'으로 상쇄될 수 있다. 73세에 대통령이 된 후에도 강인한 체력을 보였으니, 그에게 고령은 사실상 문제가 아니었다.

'지지자들의 실망감'은 아직도 자신을 지지하고 있는 8백만의 유권자가 있다는 사실로 어느 정도 상쇄된다. 패배한 후보들에게 자신을 지지했던 유권자들은 커다란 힘이 된다. 지지자가 8백만 명이나 된다는 사실은 김대중 대통령에게 커다란 힘이 되었다.

'재정의 고갈'은 '호남의 굳건한 지지'로 어느 정도 보충될 수 있었다. 당시에 김대중 대통령이 호남 유권자들로부터 정신적 뿐만 아니라 다소의 재정적 지원까지 받았다는 사실은 비밀이 아니다.

'김영삼 정권의 견제'는 '수많은 정치동료들'로 어느 정도 해소될 수 있었다. 정권의 견제는 합법적인 정당을 만들어 국회의석을 많이 차지하면 해소된다. 당시 김대중 대통령의 정당은 제1야당이었기에 김영삼 정권에 의해 일방적으로 견제만 받지 않았다. 대정부 질문과 국정감사 등을 통해 김영삼 정권을 견제할 수도 있는 상황이었다.

김영삼 대통령의 집권과 함께 더 이상 정치권에 김대중 대통령의 정적이 없다는 점도 그에게 희망을 주었다. 나중에 이회창씨가 정적으로 떠오르기는 했지만 3김씨로 대표되는 기존의 상대들보다 강적은 아니었다.

사실 김대중 대통령의 대차대조표식 전략기획은 고도의 전략기획은 아니다. 자신의 장점과 단점만을 가지고 분석했기 때문이다. 그럼에도 불구하고 김대중 대통령에게 도움이 된 효과적인 방법이라고 판단된다.

골리앗과 대적한 다윗의 대차대조표식 전략기획을 보자. “지피지기 백전백승(知彼知己 百戰百勝)”이라는 말이 있다. 적과 나를 알면 싸움에서 반드시 승리한다는 말이다. 즉 다윗은 이 방식을 정확히 이용했다. 다윗의 대표대조표식 방식은 나의 강점을 가지고 적의 강점을 상쇄하고도 남았다.

〈표 2〉 다윗의 대차대조표식 방식

다윗의 장점	골리앗의 강점
	힘이세다
돌팔매질은 잘한다 + ∝	기골이 장내하나
	창칼을 잘 쓴다

⇓

다윗의 장점	골리앗의 강점
	~~힘이세다~~
~~돌팔매질을 잘한다~~ + ∝	~~기골이 장대하다~~
	~~창칼을 잘 쓴다~~

다윗은 적의 강점을 전략의 중심에 두었다. 골리앗은 힘이 세고, 기골이 장대하며, 창칼을 잘 쓴다. 그래서 맞붙어 싸워서는 결코 이길 수 없었다.

만약 다윗이 떨어져서 싸운다면 골리앗의 강점은 모두 상쇄된다. 골리앗과 자기편 장수들과의 싸움을 지켜보았던 다윗은 자신이 떨어져서 돌팔매질을 한다면 골리앗을 쓰러뜨릴 수 있다는 것을 알았다. 돌팔매질은 골리앗의 세 가지 강점인 “힘이 세다.”,

"기골이 장대하다.", "창칼을 잘 쓴다."를 동시에 상쇄하고도 남는 방법이었기 때문이다.

2. 시나리오식 전략기획 방법

시나리오식 전략기획 방법은 전략을 이행하는 주체는 소수인 반면 전략의 성공적인 완료를 위해서 여러 단계를 거쳐야 할 때에 많이 사용 된다. 이것에서는 단계별로 쌍방의 공격과 수비전략이 예측되고, 공격과 수비전략 결과의 합산이 전략의 성패를 가른다.

1) 시나리오식 전략기획 방법의 예

시나리오식 전략기획 방법의 좋은 예가 제갈공명이 기획한 소위 '세 개의 비단주머니'의 뜻을 지닌 금낭지계(金囊之計)이다. 이것은 세 개의 연계된 계략으로 구성되어 있는데, 완성도가 상당히 높은 시나리오 전략이라 할 수 있다.

20만의 오나라와 촉나라 연합군이 100만의 위나라 대군을 적벽대전에서 물리친 후, 연합군의 중추였던 오나라 손권은 조조의 점령지역 중 가장 핵심지역이었던 형주는 당연히 자신의 것이라고 생각했다. 그러나 이곳은 이미 유비의 수중에 넘어가 있었다. 손권은 억울하게 빼앗겼다고 생각했기에 도로 뺏고 싶었다.

그래서 전략을 구사하기로 했다. 손권은 유비의 부인들이 모두 사망했다는 점에 착안하여 유비에게 '미끼전략'을 구사했다. 즉 손권은 유비에게 자신의 여동생과 혼인시켜 줄 테니 오나라 수도로 오라고 했다. 손권은 유비가 오나라 수도에 오면 사로잡아 그의 목숨과 형주를 맞바꿀 속셈이었다.

이런 손권의 속셈을 눈치 챈 유비는 손권의 제안을 거절하려 했다. 그러나 그의 책사인 제갈공명은 좋은 '시나리오 전략'이 있으니 다녀오라고 권유했다. 그 '시나리오 전략'이 바로 세 가지 계책으로 구성된 '금낭지계'이다.

제갈공명은 유비를 수행하는 조자룡에게 세 개의 계략을 주었는데, 차례로 열어보라고 일렀다. 그는 오나라 수도에 도착하자마자 첫 번째 계략을 열어보라고 지시했다.

첫 번째 계략은 "교국노인을 만나보라."는 것이었다. 이 계략은 손권이 오나라에 도착한 유비를 소리 소문 없이 감금하려는 의도를 저지하기 위한 것이었다.

교국노인은 왕궁밖에 살고 있던 손권의 외할아버지였다. 조자룡은 교국노인에게 줄 선물을 사면서 상인들에게 유비와 손권 여동생의 결혼소문을 퍼뜨렸다. 그리고 선물을 가지고 교국노인을 찾아가 정중히 인사했다.

교국노인은 당연히 자신의 딸인 손권의 엄마에게 달려가서 손녀의 혼사를 축하한다고 말했다. 이에 손권의 엄마는 화가 났다. 자신의 딸이 결혼한다는 소식을 아버지한테 전해 들었기 때문이다. 그녀는 당연히 손권을 불러 호통을 쳤다.

이에 대해 손권은 엄마에게 그것은 형주를 차지하기 위한 계략일 뿐이라고 말한다. 그러나 손권의 엄마는 이를 받아들일 수 없었다. 왜냐하면 유비와 결혼한다는 소문이 이미 퍼진 이상, 딸을 다른 사람에게 시집보내기 어렵게 되었기 때문이다.

손권도 그냥 당하고만 있지는 않았다. 그는 유비로 하여금 결혼을 한 후에 젊은 부인과 호화로운 생활을 하게하여 오나라를 떠나지 못하게 했다.

두 번째 계략은 조자룡으로 하여금 유비에게 "조조가 형주를 공격한다."고 거짓말을 하게 하는 것이었다. 젊은 부인과 향락에 빠져있던 유비는 자신의 영토가 공격을 받는다는데 안돌아 갈 수가 없었다. 그래서 새 부인과 함께 귀향한다.

문제는 손권이 순순히 유비가 귀향하도록 놔두지 않을 것이라는 점이다. 유비를 손아귀에 쥐고 있는 한 형주가 자신의 것이나 마찬가지인데, 그를 놔줄 리가 없는 것이다. 손권은 군사들로 하여금 귀향하는 유비와 새 부인의 뒤를 쫓게 했다.

세 번째 계략은 유비의 부인이 된 손권의 여동생으로 하여금 뒤쫓아 온 손권의 군사들을 가로막게 하는 것이었다. 황제의 여동생이 가로 막으니, 군사들은 더 이상 유비를 추적할 수 없었다.

제갈공명의 완벽한 시나리오 전략과 이것을 완벽하게 이행한 조자룡이 있었기에 유비는 안전하게 새 부인과 귀향할 수 있었다.

제갈공명의 금낭지계(金囊之計)을 다시 정리해 보면, 오나라 손권은 세 번의 공격적 전략을 구사했다. 그러나 제갈공명은 세 번의 공격을 완벽한 수비전략으로 막아냈다.

첫째 손권의 혼인을 미끼로 한 유비 감금계략을 손권의 외할아버지 교국노인을 이용하여 막아냈다. 두 번째 손권이 유비로 하여금 새 부인과 신혼단꿈에 빠져 귀환하지 못하게 하는 계략을 구사하자, 유비에게 조조가 형주를 공격한다는 거짓말을 해 손권의 계략을 막아냈다. 세 번째 손권의 유비 귀향 저지 시도를 그의 여동생을 앞세워 막아냈다.

이런 시나리오 전략은 정치현장에서도 흔히 볼 수 있다. 한 예를 들어보겠다. 지방의 국립대 총장이 있었다. 그의 숙원은 부속 대학병원 건물을 하나 더 짓는 것이었다. 병원건물과 부대시설이 부실했기에 좋은 의사들이 병원을 떠나는 것이 당시 그의 최대 고민이었다.

그는 국회 예산결산위원회 위원장과 주요 정당의 간사들을 만나 200억 가량 되는 병원신축예산을 부탁했다. 그런데 한 정당의 간사가 반대하면서, 만나주지도 않았다.

이 광경을 본 그 간사의 비서관이 그 대학 총장을 딱하게 생각했다. 그래서 그 총장에게 시나리오 전략을 알려줬다.

그 비서관은 총장에게 대학이 속해 있는 지역 출신 국회의원을 만나보라고 권유했다. 사실 이 총장은 다른 뾰족한 수가 없었기에 비서관의 말대로 그 국회의원을 만났다. 그 국회의원은 자신과 매우 절친한 당대표 비서실장에게 이 문제를 부탁했다. 비서실장은 당대표의 재가를 얻어 병원신축예산 승인에 반대 입장을 표명하던 자기 당 예결위원회 간사에게 그 대학병원 신축예산을 재가하라고 지시했다.

위의 예에서 가장 중요한 역할을 한 사람은 당시 30대였던 평범한 국회의원 비서관이었다. 그 비서관은 자신이 모시는 국회의원을 움직이려면 당대표의 지시가 필요하다는 것을 알고 있었다. 그리고 당대표의 재가를 얻으려면 그의 비서실장이 나서야 하고, 비서실장은 그 지방대학이 속한 지역의 국회의원과 절친한 사이라는 것도 알고 있었다. 그래서 총장이 그 국회의원을 만나면 자동적으로 시나리오 전략이 이행된다는 사실을 알고 있었던 것이다.

위의 사례는 제갈공명과 같은 명민한 두뇌의 소유자가 아니더라도 제대로 된 정보만 가지고 있으면 성공적인 시나리오 전략을 구사할 수 있다는 것을 보여준다.

2) 시나리오식 전략기획 방법의 핵심요소

시나리오 전략이 성공하려면, 아래의 세 가지를 정확히 해야 한다. 그것은 공략상대 선택 및 정확한 분석, 타이밍, 리드타임이다.

(1) 공략상대 선택 및 정확한 분석

상대가 여럿일 때에는 누구를 공략할 타깃으로 정하느냐가 매우 중요하다. 이 결정이 승패를 좌우하는 경우가 많기 때문이다.

국회의원 선거에 출마한 보수성향의 후보가 있었다. 선거 한 달 전에 그의 지지도는 30%였으며, 그의 상대는 두 명이었다. 하나는 자신과 같은 보수성향의 후보였으며, 지지도가 10%밖에 되지 않았다. 또 다른 후보는 진보성향 후보였는데, 지지도가 35% 정도로 가장 높았다.

지지도가 30%인 보수성향의 이 후보는 진보성향 후보를 주요 공략상대로 정했다. 그의 표를 빼앗아 오면 1표당 2표의 득표효과가 있었기 때문이다.

그러나 그는 선거에서 패배했다. 그는 진보성향 유권자들을 타깃으로 삼고 열심히 선거운동을 했지만 실질적인 소득은 거의 없었다. 정치성향이 다른 유권자들의 표를 얻기란 결코 쉽지 않았기 때문이다.

처음부터 그는 보수성향 후보를 우선 공략 상대로 정해야 했다. 자신과 동일한 보수성향 유권자의 표를 얻기란 어렵지 않은 일이다. 또한 유권자들은 자신이 지지하는 후보가 당선될 가능성이 희박할 때 그 후보에 대한 지지를 철회하고, 유사성향의 후보를 지지하는 경향이 있다. 따라서 지지도가 10%인 보수성향 후보의 지지도가 하락할수록, 이탈한 유권자들은 지지도가 30%인 보수성향 후보 지지로 선회했을 것이다. 이렇게 되면 박빙의 승리를 거둘 수 있었다.

(2) 타이밍

타이밍은 행위의 효과가 가장 큰 순간을 말한다. 즉 똑같은 행위를 하더라도 실행하는 타이밍이 좋으면 엄청난 성공을 거둘 수 있는 반면, 타이밍이 좋지 않으면 패배할 수 있다.

2012년 대통령선거에 출마했던 안철수 서울대 교수는 타이밍에서 상당히 성공적이었다. 퍼스널 컴퓨터 산업이 급성장할 때, 모든 사람들은 컴퓨터 하드웨어와 소프트웨어에만 관심을 보였다.

그러나 그는 컴퓨터 바이러스 등 사람들이 거의 관심을 갖고 있지 않던 분야에 관심을 가졌다. 그러던 중 컴퓨터 바이러스가 퍼지자 그는 시장을 독점하다시피 했고, 부와 명성을 동시에 거머쥐었다. 컴퓨터가 이미 사람들 생활의 일부분이 되어 버린 상황에서 감염된 컴퓨터는 가장 먼저 해결해야할 시급한 문제였기 때문이다.

안철수 교수는 2011년 10월에 실시된 서울시장 보궐선거 때에도 출마의사를 밝혔지만, 시민운동을 해온 박원순 후보가 출마의사를 밝히자 즉각 후보 자리를 박원순 후보에게 양보했다. 만약 양보하는 타이밍이 늦었다면 그는 '쿨'한 이미지를 얻지 못했을 것이다. 또한 당시 차기 대통령 선거 후보 지지도에서 다른 후보들을 큰 격차로 따돌리며 1위를 달리고 있던 박근혜 후보 지지도에 버금가는 엄청난 지지도 얻지 못했을 것이다.

안철수 교수의 대선출마선언 시기도 적절한 편이었다. 만약 일찍 출마를 선언했다면 장기간 상대 후보들과 매스컴의 집중적인 공격을 받았을 것이다. 다른 후보들이 모두 출마선언을 한 다음에 출마선언을 했기에 그만큼 공격을 덜 받았다. 즉 '검증'이라는 칼날을 조금이라도 더 피해갈 수 있었다.

다만 안철수 후보는 민주통합당 문재인 후보와의 단일화 타이밍을 잘 맞추지 못했다. 문재인 후보보다 10%이상 앞서고 있을 때 단일화를 시도했어야 했다. 그러나 이 시기를 놓치면서 자신의 지지도가 하락세로 돌아섰고, 반대로 문재인 후보의 지지도는 상승세를 타면서 그를 중심으로 한 단일화에 성공하지 못했다.

(3) 리드타임[23)]

'리드타임(*Lead Time*)'이란 전략이 실행에 옮겨져 그 결과가 나타날 때까지의 기간을 말한다. 시나리오를 작성할 때에는 리드타임을 정확히 예측하는 것이 매우 중요하다. 그러나 리드타임을 정확히 예측한다는 것은 결코 쉽지 않은 일이다.

위에서 언급되었듯이 나폴레옹과 히틀러와 같은 인물들도 리드타임 예측에 실패하여 몰락했다.

나폴레옹과 히틀러는 초여름에 러시아 침공을 시작했다. 그들은 러시아의 겨울이 닥치기 전에 승리할 것이라고 믿었다. 즉 그들은 승리까지의 리드타임을 3~4개월 정도로 보았던 것이다. 그러나 나폴레옹과 히틀러가 예상했던 것보다 러시아 완전정복의 리드타임은 더 길었다. 그들은 추운 겨울이 닥칠 때까지 승부를 보지 못했다. 이들의 군대는 영하40도를 오르내리는 러시아의 길고 매서운 겨울을 견뎌내지 못하고 결국 패퇴했다.

이렇게 리드타임을 정확히 예측하는 것은 어렵지만 매우 중요하다. 또한 리드타임을 정확히 예측해야만 전략을 성공적으로 마무리 지을 수 있다.

3. 전략추리식 전략기획 방법

'전략추리식 전략기획 방법'은 광범위하고 상당히 복잡한 전략기획을 짤 때 주로 사용된다. 극단적인 예가 대통령 당선자의 경우이다. 대통령 당선자는 당선된 후에 임기 5년 동안의 전략기획을 작성한다. 정부부처는 20개 내외이기에 기획서는 그에 상응하는 '부문'으로 구성되며, 각 부처는 수많은 이슈를 다루기에 각 부문 밑에 또다시 수많은 분야가 첨부된다.

전략추리 작성에서 중요한 것은 전략들 간의 최적의 결합을 찾아내어 시너지 효과를 극대화시키는 것이다. 1+1=2의 효과가 아니라 1+1=3의 효과를 창출하도록 만드는 것이다.

선거운동의 예를 들어보자. 선거운동의 키워드는 '반복'이다. 선거운동이 조금이라도 더 효과적이기 위해서는 동일한 유권자를 대상으로 짧은 시간 내에 후보에 대한 선전을 집중적으로 '반복'해야 한다. 휴대폰 회사나 보험회사들이 같은 방송에서 똑같은 선전을 짧은 시간 내에 수없이 반복하듯이 말이다.

후보의 선거운동 방법에는 휴대폰 문자메시지 보내기, 카카오톡, 예비홍보물 보내기, 인터넷 선거운동, 선거 홍보원들의 전화홍보, 후보의 길거리 명함 돌리기, 홍보물 보내기 등이 포함된다.

이들 선거운동방법들을 어떤 방식으로 조합하면 반복의 효과가 극대화될까를 확인한 후 최적의 조합을 찾아내야 한다. 대체로 휴대폰 문자메시지, 카카오톡, 휴대폰 전화홍보 등을 효율적으로 조합하면 반복의 효과가 상대적으로 커진다.

즉 동일 유권자를 대상으로 먼저 휴대폰으로 전화를 걸어 홍보한다. 그 다음에 휴대폰 문자로 유권자에게 인사한다. 그 후에 카카오톡으로 지지를 호소하면 반복의 효과를 극대화시킬 수 있다.

전략추리식 전략기획 방법은 아래와 같은 형태를 띄고 있다.

〈그림 1〉 전략추리식 전략기획 방법의 형태

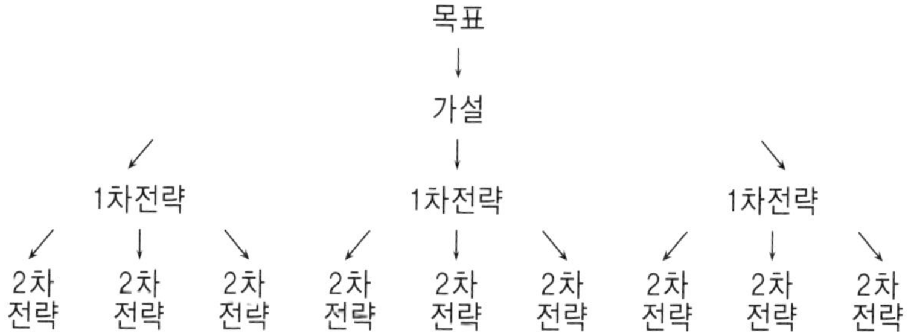

1) 목표 설정

목표는 어떤 행동을 하는 이유이다. 예를 들면 전쟁의 목표는 '승리'이며, 비즈니스의 목표는 '이윤의 극대화'이다. 목표가 명료하지 않으면, 혼돈이 발생할 수 있다. 따라서 매우 짧게, 참여자들의 눈높이에 맞춰 목표를 설정해야 한다.

2) 가설 설정

가설은 목표를 달성하기 위한 전략을 최대한 명료하게 축약해 놓은 것이다. 이렇게 하는 이유는 모든 구성원들이 그 전략을 쉽게 인지하고, 잊지 않게 하기 위해서이다. 현재 순이익이 5억 원인 업체가 다음 해 목표를 10억 원으로 상향조정했다. 이 업체는 "상품의 원가를 낮춘다." 혹은 "판매량을 두 배로 늘린다." 등으로 가설을 설정할 수 있다.

3) 1차 전략 설정

1차 전략은 가설이 더 세분화된 형태이다. 이것을 통해서 가설이 더욱 정교한 형태로 표현된다. 대개 1차 전략들 밑에 2차 전략들이 열거되기에 1차 전략들은 좌우로 열거된다. 여기서 좌측에 있는 전략이 우측에 있는 전략보다 먼저 시행되는 전략이다.

전략이 복잡하고, 다단계일 때에는 대체로 퍼즐형식으로 작성된다. 즉 모든 가능한 전략을 나열한 뒤, 그것을 시차별, 중요도

별로 아래위로 혹은 좌우로 재배치함으로써 쉽게 전략추리를 만들 수 있다.

4) 각 전략의 책임자 선정

1차와 2차 전략 각각의 책임자를 선정한다. 이것은 책임의 주체를 분명히 함으로써 전략이 완벽히 실현되도록 하기 위해서이다.

아래는 인천상륙작전을 매우 간단한 전략추리로 구성한 예이다.

〈그림 2〉 인천상륙작전의 전략추리

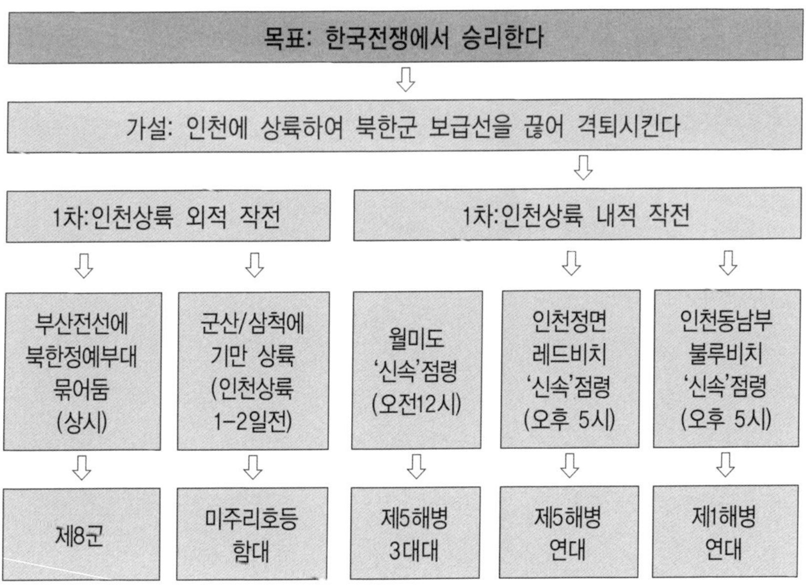

1. 상륙외적 작전

본격적인 상륙작전을 전개하기 전에 행해지는 사전작업으로서 북한군을 기만하기 위한 상륙외적 작전을 다음과 같이 전개한다.

1) 부산정면에 미군의 정예부대를 배치한다. 이는 북한의 정예부대를 부산방면에 묶어두기 위해서이다. 즉 부산이 함락되면, 북한은 정예부대를 인천방면으로 이동시킬 수 있기 때문이다. 제8군이 이를 담당한다.
2) 상륙후보 지역들인 군산과 삼척에 함포사격을 가하여 그 지역에 연합군이 상륙하는 것처럼 북한을 기만한다. 이 임무는 USS미주리호 등이 담당한다.

2. 상륙내적 작전

1) 우선 인천 앞바다에 위치한 월미도를 점령한다. 이는 제5해병연대 3대대가 담당한다.
2) 월미도를 점령한 후 만조 때에 인천정면의 레드비치를 점령한다. 이는 제5해병연대가 담당한다.
3) 인천 동남부의 불루비치를 점령한다. 이는 제1해병연대가 담당한다.
4) 인천상륙작전을 눈치 챈 북한군이 서울에서 인천으로 증원군을 파견하는 것을 함재기와 함포사격으로 저지한다.

위의 전략추리는 인천상륙작전에 임하는 연합국 전략만을 열거

했다. 그러나 인천상륙작전에 대응하는 북한군의 전략을 동시에 전략추리 형태로 추정하면 더 완벽한 전략추리를 만들어 낼 수 있다.

전략추리는 다음과 같은 장점이 있다.

1. 전략을 한눈에 보여준다

전략을 실행하는 주체들이 자신의 역할이 무엇인지를 정확히 아는 것은 매우 중요한 일이다. 이렇게 되려면 각 전략 주체들이 전체전략이 무엇인지를 명확히 알아야 한다. 전략추리는 실행주체 모두에게 전체전략의 윤곽을 명확히 보여준다.

만약 전략의 각 주체가 전체전략을 모르고, 자신이 맡은 부분만을 알고 있다면, 어떤 문제가 발생할 수 있을까? 각 주체가 자신의 역할을 성공적으로 완수할 때는 전체전략의 윤곽을 몰라도 상관없다.

문제는 자신의 역할을 충실히 못할 때 발생한다. 이 때 각 주체가 자신의 판단 하에 차선책을 선택하게 되는데, 그 차선책이 전체전략과 동떨어진 것이 될 수 있다. 그러면 전체전략은 나사 빠진 수레처럼 될 수 있다.

임진왜란 때 이순신 장군은 왜의 침략에 맞선 조선장수들 중의 한 사람이었지만, 왜의 전체전략을 명확히 알고 있었다. 그것은 '수륙병진', 즉 수군을 통해 육군에게 보급품을 전달하는 전략이었다. 따라서 조선군의 전략은 왜군의 뱃길을 막아 육군에게 보급품이 전달되지 못하도록 하는 것이었다.

이것을 위해 이순신 장군은 전함이 12척 밖에 남지 않았음에도 불구하고, 사력을 다해 울돌목에서 왜의 수군을 가로 막았던 것이다. 만약 왜가 수륙병진전략을 쓰지 않았다면, 이순신 장군은 선조의 명대로 고작 12척의 전함을 가지고 있었던 조선수군을 육군에 편입시켰을 지도 모른다.

2. 전략들 간의 관계를 명확하게 보여준다

전략추리는 어느 전략이 상위의 전략인지 명백히 보여준다. 사람들은 보고서를 읽을 때 위에서 아래로 읽기 때문이다. 즉 위에 있는 전략이 상위의 전략이다. 동시에 어떤 전략들이 동급의 전략인지도 한눈에 보여준다. 동일선상에 있는 전략들이 동급의 전략들이다.

또한 동급의 전략들 사이에서도 어느 전략이 시간상으로 먼저 실행에 옮겨지는 지를 보여준다. 사람들은 왼쪽에서 시작해서 오른쪽 방향으로 전략추리를 읽는다. 따라서 전략추리에서 왼쪽에 있는 전략이 오른쪽에 있는 전략보다 선행되는 전략이라는 것을 쉽게 인식한다.

전략들 간의 관계를 병사들에게 더 명확히 보여주기 위해서 흔히 이용되는 방법이 시뮬레이션이다. 즉 기획한대로 미리 해보는 것인데, 군대의 훈련이 바로 시뮬레이션이다.

이순신 장군이 한산도에서 대승을 거둘 수 있었던 이유는 바로 시뮬레이션에 가까운 훈련덕택이었다. 한산도 대첩이 있기 전에 이순신 장군은 전라우수사 이억기와 함께 전선 48척을 여수 앞바다에 집결시킨 후 합동훈련을 실시했기에 완벽한 승리를 거둘 수 있었다.

3. 각 전략의 이행 개체를 명확히 한다

각 전략은 그것을 실행하는 주체가 있다. 전략추리는 전략주체를 명확히 함으로써 전략이 실행에 옮겨질 때 혼선이 일어나지 않도록 한다. 또한 각 주체들 간의 상호협동이 원활히 되도록 돕는다.

전략추리는 전략을 한눈에 보여주고, 전략 간의 관계를 명료하게 보여주는 등 복잡한 전략도 명확하게 보여주는 매우 유익한 전략기획방법이다. 그렇지만 적에게 간파 당하기 쉽다는 약점도 가지고 있다. 행위자들 다수가 전체 전략의 윤곽을 명확히 알고 있는 만큼 노출되기도 쉽다는 의미다.

임진왜란 때 왜군은 자신들의 전략을 이순신 장군에게 간파당하여 통한의 퇴각을 해야만 했다. 위에서 언급되었듯이 당시 왜군의 전략은 '수륙병진(水陸竝進)' 즉 육군은 고니시와 가토를 앞세워 우리나라의 서쪽(서울과 평양)과 동쪽을 동시에 치고 올라가는 것이었다. 해군은 동해와 서해를 장악하여 육군에 원활한 병참지원을 하는 것이었다. 육지를 통하는 것보다 뱃길을 통한 보급이 훨씬 쉬었기 때문이다.

문제는 왜의 수군에서 발생했다. 동해 쪽은 문제가 없었다. 그 쪽을 방어했던 조선의 경상도 좌우수영이 일찌감치 패배했기 때문이다. 그래서 왜군은 수군을 통한 보급을 안정적으로 받으면서 압록강까지 어려움 없이 진격했다. 이 때문에 함경도로 피신한 조선의 왕자들이 체포되었다.

문제는 서해 쪽에서 발생했다. 왜군의 전략을 꿰뚫고 있었던 이순신 장군이 왜군의 서해 뱃길을 막았기 때문이다. 그가 왜군의 전략을 꿰뚫고 있었다는 것은 원균의 대패 이후에 수군삼도통제사에 복귀한 그에게 선조가 수군을 없애고, 육군에 편입할 것을 권유했을 때 조정에 보낸 장계에 잘 나타나 있다. 즉 "만일 수군을 모두 폐지하신다면 이는 적이 다행하게 여기는 바일 것이며, 호남해안으로부터 한강까지 일격에 진격할 것인즉, 이는 신이 가장 두려워하는 바입니다."라고 조정에 고했다.

이순신 장군에게 남해와 서해를 가로 막혔기에, 평양성까지 진군했던 왜군은 더 이상 보급을 받을 수가 없었다. 당장 전투에 필요한 탄약과 무기를 제대로 공급받을 수 없었던 것도 문제지만, 식량과 의복 등이 제 때에 공급되지 않은 것은 더 큰 고통이었다. 실제로 평양에 살을 에는 겨울이 닥쳤지만, 왜군 병사들은 여름옷을 입고 견뎌야 했다. 그 고충이 어떠했을 지는 쉽게 짐작이 간다. 이 때문에 평양성을 점령한 왜군은 한발자국도 더 전진할 수 없었다. 덕택에 평양에서 멀지않은 의주에 피신하고 있었던 선조는 무사할 수 있었다

이순신 장군에 의해 수로가 끊기자 왜군은 어렵게 점령한 평양성에서 자진 철수했다. 그리고 서울을 거쳐 부산으로 퇴각했다. 진군할 때보다 훨씬 더 빠른 속도로 말이다.

4장

| 보고서의 순서 결정방법 |

4장 | 보고서의 순서 결정방법

보고서의 순서를 결정하는 방법은 다음과 같다. 순서를 고객의 주요 관심사 - 비 주요 관심사 순, 핵심 - 비핵심 순, 큰 전략 - 작은 전략 순, 시계열 순 중 무엇에 준해서 할지를 결정해야 한다.

이것은 보고서의 목적이 무엇이냐에 따라 판이하게 달라진다. 그러나 보고서를 다음과 같은 순서로 작성하면 대체로 무난하다.

1. 관심사에서 비관심사 순으로

성공적인 보고서는 "피보고자의 마음을 가급적 빨리 빼앗아야 한다." 그래서 피보고자가 특정 이슈에 유달리 관심을 가지고 있거나, 다수의 보고서가 경쟁적으로 보고될 때에는 피보고자가 가장 관심을 갖고 있는 이슈를 보고서의 첫머리에 놓아야 한다. 그리고 그 다음 관심사들을 차례로 열거하는 것이 좋다.

대통령 선거에 출마한 주요 정당의 후보는 하루에도 수십 개 혹은 수백 개의 보고서를 전달 받는다. 선거캠프 관계자뿐만 아니라, 정당 내 각 계파와 심지어 열성 지지자들도 선거캠프에 보고서를 전달하기 때문이다. 근래에는 이메일을 통해 보고서가 쉽게 전달되기에 이 현상은 더 심화되고 있다.

후보는 전달되는 보고서를 모두 다 읽을 수 없다. 따라서 비서진이 미리 읽어보고 후보의 관심사를 다룬 보고서들 중에서 분량이 적은 보고서들만 선별하여 후보에게 전달한다.

이렇게 다수가 경쟁적으로 보고서를 올리는 경우에는 보고서의 첫머리에 후보가 가장 관심을 갖고 있는 이슈를 올려야 한다. 그리고 후보가 전혀 생각지도 못한 참신한 전략을 제시하는 것이 좋다.

18대 대통령 선거 후보였던 새누리당 박근혜 후보는 한 때 부친인 故박정희 대통령의 유신이슈를 자평하라는 요구 때문에 적지 않은 고생을 했다. 물론 18대 대통령 선거에서 유신논쟁이 가장 중요한 이슈는 아니었다. 당시 주요 이슈는 '민주통합당 문재인 후보와 무소속 안철수 후보의 단일화'였다. 그럼에도 당시에 박근혜 후보는 코앞에 닥친 유신이슈에 가장 관심을 가질 수밖에 없는 상황에 처해 있었다.

이런 상황에서 박근혜 후보에게 올라온 보고서들 중 최종적으로 후보에게 전달될 보고서를 선별해야 하는 비서진은 당연히 유신에 대한 국민들의 반응과 대책을 담은 보고서를 선택할 것이다. 당장 내일 눈을 뜨면 이 문제와 관련해 매스컴의 질문공세를 받아야 하는 박근혜 후보에게 이런 보고서가 절실하다는 것을 잘 알고 있기 때문이다.

2. 긍정에서 부정적인 사실의 순으로

피보고자를 설득하기 위한 보고서를 작성할 때에는 설득에 유리한 사실을 먼저 서술하는 것이 좋다. 누구도 부인할 수 없는 사실은 피보고자를 설득하기 위한 중요한 근거자료가 되기 때문이다. 그리고 불리한 사실은 가급적 피해가거나, 축소시켜 그것이 피보고자의 최종 결정에 적게 영향을 미치도록 해야 한다. 이것은 어떤 부탁을 하기 전에 먼저 상대를 칭찬하면 기분이 좋아져서 부탁을 잘 들어주는 현상과 똑같은 원리이다.

설득을 위한 보고서의 좋은 예를 이순신 장군이 조정에 올린 장계에서 찾을 수 있다. 아래의 장계는 이순신 장군이 파직에서 복귀하여 삼도수군통제사에 재임명되었으나, 선조가 전함이 12척밖에 남지 않은 조선수군을 폐지하고 권율 장군 휘하의 육군에 편입할 것을 권유하자, 이순신 장군이 선조를 설득하기 위해 올린 것이다.

"임진년부터 5~6년에 이르는 동안 적이 감히 충청과 전라지방에 쳐들어오지 못한 것은 수군이 그 바닷길을 막아낸 때문이옵니다. 지금 신에게 아직 12척의 전선이 있으니, 죽을 힘을 다하여 막아 싸운다면 능히 대적할 방책이 있사옵니다. 이제 만일 수군을 모두 폐지하신다면 이는 적이 다행하게 여기는 바일 것이며, 호남 해안으로부터 한강까지 일격에 진격할 것인즉, 이는 신이 가장 두려워하는 바입니다. 전선이 비록 적다고 하더라도 미신(微臣: 미미한 신)이 죽지 아니한 즉, 적이 감히 우리를 가볍게 여기지 못할 것이옵니다."

이순신 장군은 우선 조선수군의 지난 5~6년 동안의 공적을 서술하였다. 누가 봐도 조선수군은 그동안 큰 공을 세웠기 때문이다. 이렇게 긍정적 사실로 시작하는 설득노력은 매우 효과적이다.

그 다음에는 불리한 사실에 대한 방어를 했다. 이순신 장군은 12척의 배 밖에 남지 않았으나, 죽을 힘을 다해 막아 싸우면 이길 수 있다고 주장했다. 자신의 목숨을 걸겠다는 말을 다소 순화시켜 표현한 것이다. 형세가 불리하다는 것은 명명백백하지만, 당사자가 목숨을 바쳐 싸우겠다는데 왕도 어쩔 도리가 없는 것이다.

그 다음으로 확실한 설득을 위해 조정이 위기감을 느끼게 했다. 자신의 주장을 거절하면 왕궁의 코앞인 한강까지 왜의 전함들이 자유롭게 출몰할 것이라는 것이다. 이순신 장군은 선조가 상상하기도 싫은 상황을 언급했다.

마지막으로 자신의 업적을 언급했다. 이를 통해 이순신 장군은 과거에 연전연승했던 것처럼 해낼 수 있다는 자신감을 피력했다.

종합하면 이순신 장군은 긍정적 사실로 시작하여, 부정적 사실을 언급하기는 했으나, 그 위력을 최소화시켰다. 그러면서 상대가 조선의 왕인 선조였음에도 개의치 않고, 자신의 주장을 받아들이지 않으면 수도 한양이 왜군의 전함에 의해 위기에 처할 것임을 천명했다. 그 다음에 자신의 과거 업적을 조심스럽게 강조하면서 설득의 노력을 가속시켰다.

3. 피보고자가 알고 있는 비유나 명구의 사용

중국 전국시대에 합종연횡책을 제시했던 소진과 장의같은 설객

(說客)들은 다른 사람을 설득할 때 비유나 명구를 자주 사용했다. 그 이유는 두 가지이다.

첫째는 내용이 부정적일 때 직설적으로 설명하면 왕이건 누구건 간에 화를 내거나 거부감을 느끼기 때문이다. 피보고자는 부정적인 내용에 기분이 좋을 리가 없다. 비유나 명구는 이런 부정적인 효과를 현저히 줄인다.

둘째는 피보고자가 아는 비유나 명구를 사용하면 그를 어렵지 않게 설득할 수 있다. 대체로 사람들은 자신이 이미 알고 있는 사실에 근거하여 설명하면 쉽게 이해하고 받아들인다. 이것은 피설득자의 지식을 이용하는 것으로 매우 현명한 방법이다.

4. 피보고자의 과거 언행이나 관심사를 설득의 도구로

누구나 자신이 한 말이나 약속은 소중하게 여긴다. 그래서 가급적 그것을 지키려고 노력한다. 특히 정치인과 같이 대중에게 노출되어 있는 사람들은 더욱 그렇다.

또 어떤 결정이 타인에게 더 큰 피해를 줄지 알면서도, 그것이 자신의 운명에 긍정적인 영향을 미친다고 판단되면 그런 결정을 하는 것이 인간이다. 따라서 피보고자를 설득할 때에는 위의 두 가지 점을 활용하는 것이 좋다.

제 2차 세계대전이 한창일 때 동남아시아 전선을 방문한 루즈벨트 대통령을 사이에 두고 맥아더 장군과 니미츠 해군제독은 필리핀 공략방법을 두고 이견을 보였다. 니미츠 제독은 미군의 희생을 최소화하는 방법을 제안했고, 맥아더 장군은 미군이 조금 더 희생을 치르더라도 신속히 필리핀을 점령하여 미군 포로들에게 자유를 주자고 제안했다.

누가 이 논쟁에서 승리했을까? 니미츠 제독은 논쟁의 범위를 필리핀 공략방안에 한정시켰지만, 맥아더 장군은 그 범위를 훨씬 넓혔다. 그는 루스벨트 대통령이 필리핀 국민에게 한 연설의 한 부분을 인용하면서 '조속한 탈환 약속'을 지키라고 압력을 가했다. 또한 미군포로들에게 빨리 자유를 주지 못하면 그 다음 해에 치러질 선거에서 루즈벨트 대통령이 패배할 수 있다는 점을 강조했다.

루즈벨트 대통령은 누구의 손을 들어 줬을까? 그는 썩 내키지는 않았지만 맥아더의 제안을 선택했다. 자신이 한 약속을 지키고 싶었고, 동시에 다음 해에 치러질 선거가 걱정되었기 때문이다.

5. 사진이나 동영상의 활용

사진이나 동영상은 보고서의 내용을 보조하기 위해 많이 사용된다. 그러므로 보고서의 내용에 부합될 뿐만 아니라, 피보고자가 보고 내용을 생생하게 연상할 수 있도록 도와야 한다. 이런 사진이나 동영상을 만들기 위해 연출이 필요할 때도 있다.

한 때 교과서에도 실렸던 맥아더 장군의 유명한 사진이 있다. 바로 태평양 전쟁 때 필리핀 탈환의 첫 작전이었던 레이테섬 상륙작전 후 바닷물에 바지를 적시며 육지로 걸어 나오는 사진이다.

상륙작전 당일 이 장면을 처음 찍은 사람은 프랑스 사진기자였다. 그러나 맥아더와 부하 셋이 발목 깊이 정도의 해변을 걸어 나오는 이 사진은 극적이지 못했다.

이 순간을 놓친 사진 전문잡지의 기자가 나중에 맥아더에게 당시의 모습을 재연해 줄 것을 요청했다. 홍보에도 일가견이 있었던 맥아더 장군은 이 사진이 매우 중요하다는 것을 이미 인지하고 있었다. 그래서 한 달 뒤에 여섯 명으로 늘어난 부하들을 이끌고 무릎 깊이의 바닷물에서 당당히 걸어 나오는 사진이 만들어졌다. 이 사진은 미국 내에서 폭발적인 반응을 얻었고, 덕분에 맥아더는 용맹스럽고 승리하는 장군의 대명사가 되었다.

6. 보고서는 이벤트 성격을 띠어야

보고서는 읽히기 위하여 작성되고, 그 내용은 피보고자에게 유익함을 주어야 한다. 그러므로 보고서는 피보고자에게 상당히 특별한 것이어야 하며, 피보고자 또한 자신에게 대단히 큰 도움이 되기를 기대한다. 즉 보고서는 피보고자에게 상당한 이익이나 해결책을 제공하는 일종의 이벤트 성격을 띠어야 한다는 것이다.

보고서가 이벤트 성격을 띠려면 피보고자의 참여를 유도해야 한다. 이것은 피보고자들이 몇 명이건 간에 그들 모두와 입체적 커뮤니케이션을 가정하면서 작성되어야 한다는 뜻이다. 즉 보고서는 내용에 대해서 피보고자의 질문, 비판, 호응을 어느 정도 예상하고, 이것에 대한 작성자의 대응도 포함하고 있어야 한다는 뜻이다.

또한 보고서는 가급적 내용이 단정적이기 보다는 가능성을 논하는 것이어야 한다. 단정적인 내용은 피보고자의 존재감을 상실케 한다. 누구나 자신의 존재감을 인정받고 싶어 하는데, "단정적인 내용은 너희는 잘 모르니, 한수 배워라."는 의미를 내포하고 있다. 한편 가능성을 논하는 보고서는 피보고자에게 생각과 행동의 여지를 남겨주기에 훨씬 효과적이다.

7. 내용은 피보고자의 눈높이에 맞춰야

흔히 보고자는 자기가 알리고 싶어 하는 모든 것을 보고서에 담으려고 한다. 그러나 이것은 보고서 내용을 난해하게 만들어 피보고자의 이해에 결코 도움을 주지 못한다.

그러므로 처음부터 피보고자의 눈높이에 맞춰 보고서를 작성해야 한다. 이런 보고서는 다음과 같은 특징이 있다.

첫째 한 페이지에 요점이 하나면 가장 좋으며, 두 개 이상을 넘어서는 안 된다. 내용이 너무 많으면 피보고자가 쉽게 이해하지 못하기 때문이다. 보고자는 보고서를 쓰는 과정에서 내용을 수십 번 읽어 확실히 이해하지만, 피보고자는 대부분 처음 보고서를 읽기에 복잡하면 잘 이해하지 못한다.

두 번째 도표나 복잡한 그림은 가급적 줄여야 한다. 도표나 복잡한 그림에는 예외 없이 많은 내용이 포함되어 있다. 많은 내용이 작은 공간에 함축되어 있으면 피보고자가 그것을 정확히 이해하기 어렵다.

세 번째 단어, 문장, 문구 선택에 정성을 들여야 한다. 간결한 문장이 좋다. 한 문장을 구성하는 단어의 수는 10개 이내여야 한다. 또한 한 문장을 이해하는데 10초 이상 소요하게 해서는 안 된다. 반복해서 읽어야 문장을 이해를 할 수 있다면 그것은 좋은 문장이 아니다.

5장

| 맺는말 |

5장 | 맺는말

프랑스의 나폴레옹이 근대화된 군사력으로 프로이센 등을 상대로 연전연승을 거두고 있을 때, 그는 프랑스 군대의 군사적 우위가 영원히 지속될 것이라고 믿었다. 그러나 연패를 당한 적들은 그의 군대를 모방하기 시작했고, 이것을 통해 승리의 비결을 배워 결국 나폴레옹을 무너뜨렸다.

현대에도 이 같은 현상이 그대로 재현되고 있다. 일본은 앞서가는 기술력으로 수 십 년 동안 우리나라 뿐만 아니라 전 세계를 압도했다. 그리고 자신의 기술력 우위가 영원히 지속될 줄 알았다. 그러나 세계 각국은 일본을 모방하기 시작했고, 결국 일본은 자신들이 가장 자랑스럽게 여기던 전자분야에서조차 우리나라에 덜미가 잡혔다.

기술혁신의 속도가 모방의 속도보다 빠를 수 없는 것이다. 기술혁신에 치중하다 모방하는 후발주자에게 추월당하는 것이 현실이다.

이런 상황에서 우리가 심각하게 걱정해야 할 일이 있다. 현재는 중국이 우리의 기술을 모방하고 있지만, 10년 후에 중국이 우리가 자랑하는 기술력을 추월할 것이 거의 확실하다는 것이다.

문제는 일본이나 다른 나라들과 달리 중국의 인구가 우리나라의 20배가 넘는다는 점이다. 이런 중국이 기술력에서 우리와 대등해지면 우리는 결코 중국의 상대가 될 수 없다.

이런 미래 환경에 대처하는 방법은 국민 개개인이 일당백의 역할을 하는 것뿐이다. 즉 국민 개개인의 역량을 키우고, 모두가 단합하여 효율성을 극대화시켜야 한다.

이렇게 되기 위해서는 국민 개개인이 전략기획을 일상화해야 한다. 국민 각자가 전략기획의 달인이 되어있으면 리더들이 수립된 전략이 상당히 복잡하더라도 빨리 이해하고, 완벽하게 이행하기 때문에 경쟁에서 우위를 점할 수 있다.

그러면 우리 국민들이 귀감으로 삼아야 할 전략기획의 고수들은 어떤 사람들인가? 역사에서 그들의 발자취를 찾을 수 있다. 이순신 장군과 세종대왕, 삼국지에 나오는 제갈공명과 조조가 모두 전략기획의 귀재들이었다. 전략기획이 이들을 계속 승리하게 했고, 결국에는 영웅으로 만들었다.

이제 우리 국민 각자가 세종대왕, 이순신 장군, 제갈공명 같은 전략기획의 고수가 되어야 한다. 이렇게 해서 미래에 우리에게 닥칠 위기를 극복해야 한다. 또한 전략적 지식은 활동의 효율성을 높이고, 인생을 훨씬 더 풍요롭게 한다는 사실을 절대 잊지 말아야 한다.

아무쪼록 이 책의 독자들이 전략기획의 귀재가 되어 세상을 좌지우지하는 동시에 미래에 우리나라를 구하는데 일조하기를 바라면서 이 책을 마친다.

미 주

1) 두산백과
2) 김학량. 2012. 『정치전략:정치공학입문』. 캠스트. 146-154.
3) 위의 책. 114-115.
4) 김학량. 2009. 『선거전략기획을 위한 선거공학론』. 캠스트. 126-127.
5) 위의 책. 128-129.
6) 위의 책. 129-130.
7) 위의 책. 77-78.
8) 김학량. 2005. 『10대1의 전쟁에서 승리하는 법』. 캠스트. 39. 43.; 김학량. 2009. 전게서. 156.
9) ______. 2012. 전게서. 40-41 참조.
10) 강상구. 2011. 『마흔에 읽는 손자병법』. 흐름출판. 247.
11) 위의 책, 247. 참조.
12) 이영직. 2004. 『상자와 싸워 이기는 란체스터 경영전략』 청년정신. 142.
13) 강상구. 전게서. 309.
14) 알리스·잭트라우스. 1987. 『마케팅은 전쟁이다』. 원음출판사. 162.
15) 김학량. 2012. 전게서. 71-73.
16) 알리스·잭트라우스. 전게서. 69.
17) 김학량. 2012. 전게서. 123-124 참조.
18) ______. 2005. 전게서. 146-147.
19) 두산백과.
20) 위의 책.
21) 김학량. 2005. 전게서. 16.
22) 최진. 『대통령의 독서법』. 147-148 참조.
23) 김학량. 2012. 전게서. 149-151.

찾아보기

〈한글용어〉

〈영문용어〉

전략기획방법론入門

초판 인쇄 2013년 10월 18일
초판 발행 2013년 10월 24일

저 자 김 학 량
발 행 인 유 지 수
발 행 처 국민대학교 출판부
주 소 서울시 성북구 정릉로 77
전 화 02-910-4242~3
팩 스 02-910-4240
등 록 1975년 6월 17일 제6-33호
인 쇄 (주)상지피앤아이

ISBN 978-89-7812-332-7 03320
가격 10,000원

국립중앙도서관 출판시도서목록(CIP)

전략기획방법론入門 / 저자 : 김학량. -- 서울 : 국민대학교 출판부, 2013
p. ; cm

ISBN 978-89-7812-332-7 03320 : ₩10000

전략[戰略]
기획[企劃]

325.1-KDC5
658.4-DDC21 CIP2013020779